이해가 쏙쏙 쉬워지는 과학원리

이해가 쏙쏙 쉬워지는 과학 원리

개정판 1쇄 인쇄 2016년 12월 1일
개정판 1쇄 발행 2016년 12월 5일

글 홍윤희 그림 이진우
발행인 박형준
펴낸곳 도서출판 거인
출판등록 제2002-000121호
주소 서울시 마포구 상수동
와우산로48 로하스타워 803호
전화 02-715-6857,9 팩스 02-715-6858
편집책임 안성철
디자인 빅윤선
마케팅 이희경 김경진

값은 표지에 있습니다.
ISBN 978-89-6379-141-8 73400

이해가 쏙쏙 쉬워지는 과학 원리

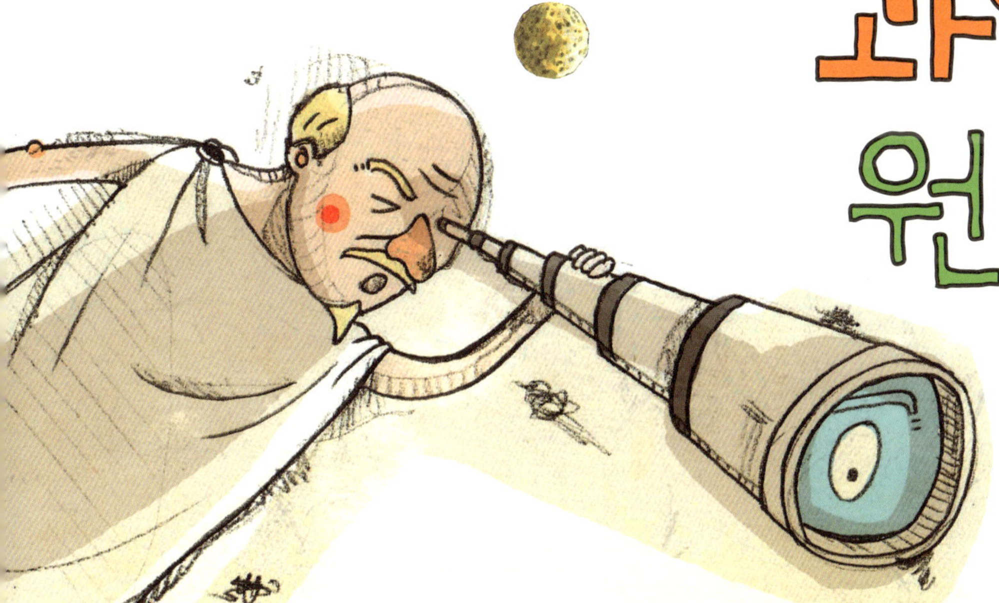

글 홍윤희
그림 이진우

차례

원리와 에너지

1. 움직이는 물체의 빠르기 · 8
2. 물체의 다양한 운동 · 12
3. 물체의 운동에는 법칙이 있다 · 16
4. 물체의 운동을 알면 축구가 더 재밌다 · 20
5. 전자석을 아시나요? · 22
6. 스피커의 원리 · 26
7. 전기로 음식을 익힌다 · 30
8. 지렛대의 원리 · 32
9. 톱니바퀴의 원리 · 34
10. 물속 압력을 견디는 힘 · 36

놀라운 생명

11. 식물의 줄기는 무슨 일을 할까? · 40
12. 잎은 식물이 숨 쉬는 곳? · 44
13. 식물의 영양 섭취, 광합성 · 46
14. 열매와 씨앗 · 50
15. 식물의 분류 · 54
16. 동물들의 짝짓기와 번식 · 58
17. 동물은 어떻게 분류하나? · 62

신기한 물질

18. 물질의 변신은 무죄(1) – 물리적 변화 · 68
19. 환상의 드라이아이스 쇼! 어떻게 만들까? · 70
20. 산성 용액과 염기성 용액, 둘이 만나면 중성! · 74
21. 위험한 산성비, 염기성 비로 중화시킬 수 있을까? · 78
22. 기체에 관한 오해 혹은 진실 · 82
23. 불의 '3요소' · 86
24. 물질이 산소와 만나서 생기는 변화 · 90
25. 물질의 변신은 무죄(2) – 화학적 변화 · 94

신비로운 지구

26. 지구는 어떻게 생긴 별이지? · 100
27. 지구가 운동을 하고 있다고? · 104
28. 반짝반짝, 별자리 여행 · 108
29. 은하계와 별은 어떻게 생겨났을까? · 112
30. 태양의 비밀 · 116
31. 태양의 식구들을 만나 볼까! · 120
32. 천문대와 인공위성 · 122
33. 우주에서 살기 · 126

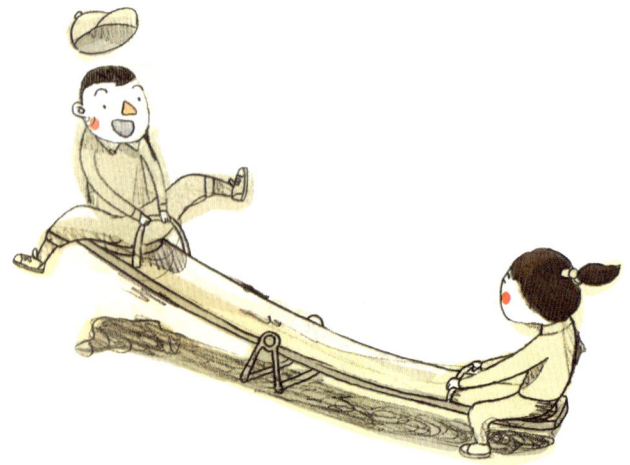

원리와 에너지

1. 움직이는 물체의 빠르기
2. 물체의 다양한 운동
3. 물체의 운동에는 법칙이 있다
4. 물체의 운동을 알면 축구가 더 재밌다
5. 전자석을 아시나요?
6. 스피커의 원리
7. 전기로 음식을 익힌다
8. 지렛대의 원리
9. 톱니바퀴의 원리
10. 물속 압력을 견디는 힘

1. 움직이는 물체의 빠르기

얼마나 **빠른지** 계산할 수 있을까?

움직이는 물체에는 모두 속도가 있어요. 어느 정도 빠르기로 움직이는가를 말할 때 흔히 속도라고 하지요.

100미터 달리기를 해 보면 누가 빠른지 쉽게 알 수 있습니다. 같은 거리지만 어떤 친구는 15초 만에 들어오고 다른 친구는 20초가 넘게 걸리기도 하지요. 이처럼 움직이는 물체에는 저마다 빠르기가 있게 마련인데요, 이 빠르기를 측정하기 위해서는 움직인 거리와 시간을 알아야 해요.

일반적으로 같은 시간 동안 이동한 거리를 비교하면 물체들의 빠르기를 알 수 있습니다. 반대로 같은 거리를 이동한 시간으로 비교해 보아도 알 수 있지요. 즉 같은 시간에 이동한 거리가 클수록 빠른 것이고, 같은 거리를 가는 데 걸린 시간이 적을수록 빠른 것입니다.

이동한 거리와 걸린 시간이 모두 다른 경우는 어느 물체가 더 빠른지 어떻게 알 수 있을까요?

이 경우는 쉽게 알 수가 없지요. 하지만 이런 경우에도 알 수 있는 방법이 있습니다. 바로 각각의 속력을 계산하는 것이지요.

　속력이란 일정한 기간 동안에 물체가 이동한 거리를 수량으로 나타낸 것을 말합니다. 즉, 이 속력의 값을 비교하면 어느 쪽이 더 빠른지 알 수 있지요. 속력은 다음과 같은 방법으로 계산합니다.

$$속력 = \frac{움직인 거리(미터)}{걸린 시간(초)}$$

토끼가 경기에 진 이유

속력이 빠르면 뭐 해! 결승 지점과 반대 방향으로 달렸으니!

세상에서 **속도**가 가장 빠른 것은 무엇일까요?

　세상에서 가장 빠른 것은 무엇일까요? 바로 빛의 속도랍니다. 보통 공기가 없는 진공 상태에서 빛의 속도는 1초에 30만 킬로미터예요. 시계가 똑딱 하는 순간에 지구를 7바퀴 반을 도는 속도지요.
　과거로의 시간 여행을 떠나려면 빛보다 빠른 속도로 달리는 타임머신이 필요하다고 합니다. 하지만 현실에서 빛보다 빠른 속도의 타임머신을 만들기란 굉장히 어려운 일입니다. 게다가 사람이 빛보다 빠른 속도를 견디기란 더더욱 힘든 일입니다.

때문에 시간 여행은 아직까지 꿈으로만 남아 있지요.

그런데 특정한 조건 아래에서 빛보다 속도가 빠른 것이 있어요. 빛이 물속에 꺾여 들어가 '굴절'을 일으킬 때가 바로 그것이죠. 빛은 물속으로 들어가면 속도가 느려지지요. 특히 굴절의 정도가 클수록 빛의 속도는 더 느려진답니다.

1934년 구소련의 과학자 체렌코프는 물속에서 빛보다 빨리 달리는 전자를 발견했지요. 푸른빛을 띠는 이 전자는 발명자의 이름을 따서 '체렌코프 전자'라고 하였는데 이것은 이후 핵물리학과 고(高) 에너지 물리학의 발전에 크게 기여하게 되었지요. 이 체렌코프 전자의 발견으로 체렌코프는 1958년 노벨상 물리학상을 수상했습니다.

물체의 운동 빠르기는 물체가 이동한 거리를 걸린 시간으로 나눈 값이다.

2. 물체의 다양한 운동
직선운동, 왕복운동, 원운동, 곡선운동

공이 위에서 아래로 떨어지고, 그네가 앞뒤로 왔다 갔다 하고, 시곗바늘이 돌고, 분수대에서 물이 떨어지는 등 우리 주변에 흔히 있는 일이죠. 이처럼 물체의 위치가 시간이 지나서 변하는 현상을 '운동'이라고 합니다.

물체의 운동은 물체가 움직인 동선의 형태에 따라 직선운동과 왕복운동, 원운동과 곡선운동 등으로 나뉩니다.

직선운동은 직선 방향으로 나아가는 것으로 수평 혹은 낙하운동이 있습니다. 사과가 아래로 떨어지는 것, 그대로 옆으로 굴러가는 것, 100미터 달리기 모두 직선운동입니다.

왕복운동은 그네나 시소, 시계추의 움직임처럼 물체가 중심으로부터 같은 방향으로 일정하게 왔다 갔다 하는 운동입니다.

직선운동

원운동

원운동은 물체가 보이지 않는 축을 중심으로 원을 그리며 회전하는 것입니다. 회전운동이라고도 하지요. 선풍기나 팽이, 시곗바늘 등 빙빙 돌아가는 것이 회전운동이지요.

마지막으로 곡선운동은 물체가 포물선을 그리며 떨어지는 것이랍니다. 야구장에서 타자가 친 공이나 멀리던지기 할 때 날아가는 공, 분수대에서 떨어지는 물방울이 곡선운동을 하지요.

이런 운동들은 때로 섞이거나 전환되면서 서로 상호 작용을 하기도 합니다.

자동차는 여러 형태의 운동이 상호 작용하는 대표적인 물체이지요. 엔진에서 휘발유의 연소로 발생한 에너지는 피스톤을 상하로 왕복운동을 시켜 주고 이 왕복운동이 피스톤과 크랭크축을 연결하는 봉에 의해 회전운동으로 바뀌면서 자동차가 움직이게 되는 것이지요.

왕복운동

원심력과 구심력

물체들의 운동에는 여러 가지 재미있는 힘이 작용합니다.

원운동의 예를 들어 볼까요? 원운동이 일어나려면 하나의 고정점이 있어야 합니다.

예를 들어 손에 들고 있던 물체를 돌리려면 고정점과 물체 사이를 연결해 주는 끈이 있어야 합니다. 그러면 물체는 곧게 나아가려고 해도 고정점에

매여 있기 때문에 방향을 바꾸어 원운동을 하게 되지요.

물체가 곧게 날아가지 못하고 원운동을 하도록 하는 이 힘이 바로 구심력입니다. 구심력은 직선으로 움직이

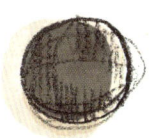
려는 물체의 방향을 중심으로 향하도록 바꾸는 성질이 있지요. 만약 구심력이 되는 이 중심을 없애면 물체는 다시 직선으로 날아가 버린답니다.

> 원심력이란 물체가 회전할 때 바깥으로 튀어 나가려는 성질이고, 구심력은 반대 개념이다.

그런데 재미있는 현상은 물체가 구심력에 의해 원운동을 할 때 또 다른 힘이 작용한다는 사실입니다. 구심력이 원의 중심으로 향하는 힘이라면 또 다른 힘은 바로 그 반대편인 원의 바깥으로 튕겨 나가려는 힘이지요. 이를 원심력이라고 합니다. 이러한 원심력은 물체가 원래 나아가려던 방향으로 나아가려는 힘 때문에 생깁니다. 자동차를 타고 가다 급하게 회전을 할 때 우리의 몸이 반대 방향으로 쏠리는 현상이 대표적인 원심력 현상입니다.

요점정리 물체가 시간이 지남에 따라 위치가 변하는 현상을 운동이라고 하며, 물체의 운동에는 직선운동, 왕복운동, 원운동, 곡선운동 등이 있다.

3. 물체의 운동에는 법칙이 있다
뉴턴의 3가지 운동 법칙

사과나무에서 사과가 떨어지는 것을 보고 '만유인력의 법칙'을 발견했다는 영국의 과학자 뉴턴은 물질의 운동에 대해서 많은 연구를 했습니다.

그 결과 물체의 운동에는 몇 가지 규칙이 있다는 것을 발견했지요. 물론 뉴턴의 법칙은 물체의 운동에 영향을 주는 공기 저항이나 마찰이 없다는 것을 가정으로 한 것이에요.

관성의 법칙

바닥을 굴러가는 공은 언제까지 굴러갈까요? 뉴턴의 법칙에 의하면 공은 영원히 멈추지 않고 굴러가야 합니다. 물체는 외부에서 힘을 가하지 않으면 영원히 그 운동 상태를 지속하려는 성질이 있기 때문이지요. 이를 관성의 법칙이라고 합니다.

관성이란 운동하고 있던 물체는 그 운동을 계속하려 하고, 정지하고 있는 물체는 계속 정지해 있으려고 하는 성질을 말합니다.

하지만 실제로는 어떤가요? 공은 어느 정도 구르다가 멈춥니다.

특별히 공에 문제가 있는 것도 아닌데 말이지요. 그 이유는 바로 공이 굴러가는 동안 바닥의 마찰력과 공기의 저항 등이 공의 관성을 이겨냈기 때문입니다.

　버스가 급정거하거나 반대로 급출발할 때 우리의 몸이 원래의 진행 방향으로 쏠리는 것도 관성의 법칙 때문이지요.

가속도의 법칙

높은 곳에 있는 물체를 떨어뜨릴 경우 처음의 속도로 끝까지 떨어질까요?

떨어지기 시작한 곳에서 멀리 떨어질수록 물체의 속도는 점점 더 빨라지지요. 높은 곳에서 떨어뜨릴수록 바닥에 떨어질 때의 속도는 더 빨라집니다. 이처럼 물체의 운동 속도가 점점 빨라지는 것을 '가속도 운동'이라고 하지요.

가속도 운동은 똑같은 힘을 가했을 때 무거운 물체가 가벼운 물체보다 운동의 변화가 더 적게 일어납니다. 무거운 물체와 가벼운 물체를 같은 힘으로 밀었을 때 어느 쪽이 더 빠른 속도로 밀려나는지를 보면 알 수 있지요.

작용·반작용의 법칙

망치로 못을 때리면 못이 박히기도 하지만 망치도 못의 힘을 받아 튕겨 나오기도 합니다. 이처럼 물체에 힘을 가하면 의외로 그

반대 방향의 힘도 작용한다는 것을 알 수 있지요. 이를 작용·반작용의 법칙이라고 합니다. 이러한 작용·반작용의 예는 우리 주변에서 무수히 찾아볼 수 있습니다.

　로켓은 작용·반작용의 원리를 이용한 대표적인 예입니다. 엔진에서 아래로 불이 뿜어져 나올 때 로켓이 위로 올라가는 것은 로켓이 뿜어낸 가스의 반작용입니다. 이 반작용으로 로켓은 공기의 저항을 이겨 내고 우주로 발사되는 것이지요.

　대포를 쏘면 대포가 뒤로 밀리는 것을 볼 수 있지요. 노를 저어 배를 앞으로 나가게 할 때도 물을 당기는 방향과 배가 나아가는 방향은 반대이지요. 그밖에도 풍선에 바람이 빠지면 반대로 날아가고, 얼음 위에서 사람을 밀면 자신도 뒤로 밀리는 현상은 모두 작용·반작용의 원리입니다.

뉴턴의 운동법칙에는 관성의 법칙, 가속도의 법칙, 작용·반작용의 법칙이 있다.

4. 물체의 운동을 알면 축구가 더 재밌다

어, 축구공이 골문 안으로 쑤욱 빨려 들어갔네!

축구 경기 중 가장 흥분된 순간은 역시 슛이 골문 안으로 들어가는 장면이지요. 그런데 축구경기를 보다 보면 축구공이 예상과 다르게 휘어들어가는 걸 볼 수가 있어요.

공이 갑자기 방향을 바꾸어서 빨려 들어가듯이 슛, 골인! 마치 바나나처럼 휘어 들어간다고 해서 붙여진 이 멋진 바나나킥의 비밀은 무엇일까요? 바나나킥의 비밀은 바로 회전입니다.

회전하는 공은 공기와 마찰을 일으키며 휘어지는 성질 때문에 공이 골문 앞에서 휘어 들어가는 것이지요.

예를 들어 축구 선수가 왼발로 공의 오른쪽을

찼다고 해 보지요.

공은 시계 반대 방향으로 회전하면서 앞으로 나아갑니다. 이때 공은 공기의 마찰을 받게 되지요. 그런데 공의 왼쪽 회전 방향은 공기의 방향과 일치하는 데 비해 오른쪽은 공기의 방향과 정반대로 회전을 하게 됩니다.

당연히 공기와의 마찰이 심하게 일어나지요. 마찰이 심해지면 공은 움직이기 어렵습니다.

따라서 마찰이 없어 움직이기 쉬운 왼쪽으로 공이 휘는 현상이 일어나는 거랍니다. 야구공의 커브도 마찰에 의해 회전하던 공이 휘면서 생기는 현상입니다. 공이 회전하는 것은 마찰력 때문입니다. 이러한 이유로 마찰력이 없는 진공 상태에서는 공에 아무리 회전을 주어도 휘지 않습니다.

5. 전자석을 아시나요?
전기가 통하면 **자석**이 된다?

자석은 N극과 S극이 있고, 철이나 니켈, 코발트 등의 금속을 달라붙게 하는 성질이 있습니다. 또 한 가지 자석은 서로 다른 극끼리는 끌어당기는 힘이 있는 반면 같은 극끼리는 밀어내는 힘이 작용하지요. 그리고 이러한 힘을 '자기력'이라고 부른답니다.

그런데 자석은 아닌데 유독 전류가 흐르면 자석과 같은 성질을 띠는 것이 있습니다. 바로 전자석이지요. 전자석은 철심(못)에 도선이 감겨 있는 형태입니다. 못을 불에 달구었다가 식혀 연철 못을 만든 다음 그 위에 종이를 감고 에나멜선을 감아 셀로판테이프로 고정시킨 것이지요. 여기에 전지를 연결하면 전자석 완성! 비교적 간단하지요?

이 전자석 주위에 철가루를 뿌려 놓고 전류를 흐르게 하면 어떤 현상이 나타날까요? 자석처럼 전자석 주변에 철가루가 일정한 방향으로 무늬를 그리며 늘어섭니다. 즉 전자석 주변에 자석처럼 자기장이 생긴 것이지

> 전자석에 사용되는 쇠못은 불에 여러 번 달구었다가 식혀서 사용하면 쉽게 자석의 성질을 갖게 된다.

요. 그래서 자기장의 방향에 따라 철가루가 늘어서는 현상이 나타나는 것이지요.

　이번엔 전자석 주변에 나침반을 한번 놓아 볼까요? 나침반의 자침 역시 자기장의 방향에 따라 움직이는 것을 볼 수 있지요. 이 역시 전자석 주변에 자기장이 형성됐다는 것을 나타내는 증거입니다. 그런데 신기하게도 전자석에 전류를 흐르지 않게 하면 즉시 자석의 성질은 사라지고 맙니다.

전자석 N극과 S극은 그때그때 달라요!

전자석이 자석의 성질을 갖는 것은 바로 전류 때문입니다. 전류가 흐르지 않으면 전자석은 자석의 성질을 즉시 잃어버리지요. 전자석에 전류를 흐르게 하는 순간 한쪽 끝은 N극, 다른 쪽 끝은 S극이 됩니다. 마치 자석처럼 말이지요. 그런데 한 가지 차이점이 있습니다.

일반적으로 막대자석과 같은 영구자석은 N극과 S극이 변하지 않지요. 그런데 전자석은 N극과 S극이 바뀌기도 합니다. 전류가 흐르는 방향을 바꿔 주면 극의 위치가 바뀐답니다. 즉 전자석의 극은 전류의 방향에 따라 결정됩니다.

또한 전자석을 만들 때 못에 에나멜선을 감아야 전자석이 되는 이유는 무엇일까요? 못 대신 연필이나 볼펜 같은 것에 에나멜선을 감으면 안 될까요? 꼭 못을 써야 하는 건 아닙니다. 어차피 전자석의 자기장은 전류 때문에 생기는 것이니까요. 그래도 못을 쓰는 이유가 있습니다. 더 큰 자기장을 얻기 위해서죠. 못과 같은 철은 자석을 가까이 하면 그 자체가 얼마 동안 자석으로 변한답니다. 그러니까 에나멜선에 전류가 흘러 자기장이 생기면 그 순간에 못도 자석이 되지요. 따라서 에나멜선에 흐르는 전류에 의한 자기장과 못에 의해 생긴 자기장이 합쳐져서 주위에 더욱 큰 자기장이 형성되는 것이지요.

그런데 전기와 자석의 절묘한 조화인 이 전자석은 대체 무엇에 쓰는 물건일까요? 전자석은 초인종이나 사이렌, 전동기나 발전기를 움직이는 자기장을 만들지요. 우리가 사용하는 생활용품 중에도 전화기, 청소기, 선풍기 등 전자석을 이용한 것이 많이 있습니다.

전류가 흐를 때만 자석의 성질을 갖는 자석을 전자석이라고 한다.

6. 스피커의 원리

스피커 안에 **자석**이 들어 있다고?

라디오, 오디오, 컴퓨터 등에는 스피커가 달려 있지요. 이 스피커 안에 들어 있는 전자석이 전류를 소리 신호로 바꿔 우리 귀에 들리는 소리로 흘러나온다는 사실, 알고 있었나요?

스피커 안에는 소리의 진동을 받아 주는 진동판이 있습니다. 이것은 주변의 작은 바람에도 잘 떨리는데 스피커는 이 진동판이 울려 소리를 내보내는 것이지요. 그러니까 스피커에서 소리가 나려면 이 진동판을 떨리게 하는 무언가가 있어야겠지요? 진동판을 떨리게 하는 것이 바로 영구자석과 전자석입니다. 이 두 가지가 스피커 안에서 서로 작용하며 진동판을 울리는 것이지요.

라디오나 컴퓨터의 전류는 소리를 내보내기 위해 스피커로 전류를 흘려보냅니다. 이 전류는 스피커 안의 전자석으로 흐르지요. 전류가 흐르는 순간 전자석은 자석의 성질을 갖게 됩니다. 그러면 옆에 있는 영구자석과는 같은 자석이기 때문에 서로 밀고 당기는 반응이 시작되지요. 영구자석은 스피커 몸체에 완전히 붙어 있어서 움직일 수가 없지만 전자석은 움직일 수 있도록 연결되어 있지요.

그래서 전류가 흐르는 순간 전자석만이 움직이게 됩니다. 그리고 전자석이 움직일 때마다 동시에 공기도 움직이는데 공기의 움직임은 결국 진동판으로 전달되지요. 이 진동판의 떨림이 소리가 되어 우리에게 전달되는 것입니다.

자동차의 경적 소리도 같은 원리로 소리를 냅니다. 경적 버튼을 누르면 전류가 전자석으로 흐르고 공기의 힘으로 진동판을 움직여서 빵빵 우렁찬 소리를 내는 것이지요.

물고기의 몸속에도 **전자석**이 있다는 게 사실일까?

　차가운 겨울 바닷물 속에서 물고기들이 살 수 있는 건 바로 전자석 때문이랍니다.

　차가운 바다에 사는 물고기에게는 '부동성 단백질'이라는 것이 있어요. 그런데 주위의 물 온도가 아주 차가워지면 이 부동성 단백질은 코일 모양으로 변합니다. 마치 전자석에 빙빙 감긴 에나멜선 모양으로요. 그리고 이 단백질 코일은 우리가 앞에서 배운 전자석처럼 자기를 띠게 되지요.

　이런 물고기의 혈관 속에 아주 작은 얼음이 생기기 시작하면 이 부동성 단백질이 들러붙기 시작합니다.

　왜냐하면 얼음도 미세하지만 전기를 띠고 있기 때문이에요. 그렇게 되면 얼음은 더 이상 커지지 않고 단백질과 함께 혈액 속을 떠다닙니다.

　이런 원리 때문에 물고기는 혈액이

> 철에 열과 압력을 가한 후 전기를 통하면 자석의 성질을 띤 전자석이 만들어진다. 철이 항상 자석의 성질을 가지면 계속 철로 된 물건을 끌어당기기 때문에 곤란할 수 있다. 하지만 전자석은 전기가 통할 때만 자석의 성질을 지니기 때문에 사용하기에 편리하다. 그 예로는, 초인종이나 자기부상열차, 스피커 등이 있다.

어는 일 없이 차가운 바닷속에서도
안심하고 돌아다닐 수 있는 것이랍니다.

요점정리 자동차 경적과 스피커는 전류를 통하게 하면 자석의 성질을 갖는 전자석을 이용해 소리를 전달한다.

7. 전기로 음식을 익힌다
전자레인지에는 불이 없는데 어떻게 음식이 익을까?

　가스레인지와 함께 주방에서 많이 쓰이는 것이 바로 전자레인지입니다. 전자레인지는 불이 없는데도 음식을 빠른 시간 내에 익혀서 아주 편리하지요. 그럼 전자레인지는 어떻게 불도 없이 음식을 익히는 걸까요?

　전자레인지는 전기로 음식을 익힌답니다. 그런데 여기엔 좀 더 복잡한 과정이 있어요. 전자레인지의 에너지원은 정확하게 말하면 '전자기파' 입니다. 우리가 흔히 '전자파' 라고 하는 것이지요.

　전자파는 전하가 급속하게 진동하거나 전류에 변화가 급격할 때 생기는 일종의 파장이지요. 적외선, 자외선, 엑스레이, 라디오 주파수도 이 전자파에 해당합니다. 그런데 이 전자파 중에 진동수가 대단히 크고 파장이 짧은 마이크로파라는 것이 있어요. 전자레인지에 주로 사용되는 것이 이 마이크로파이지요. 이 마이크로파가 음식과 만나면 어떤 일이 벌어질까요?

　전자레인지 내부에는 마그네트론이라는 심장부가 있답니다. 여기서 전파가 나오지요. 모든 물체에는 고유 진동수라는 것이 있어서 그 고유 진동수에 해당하는 전파나 파동 에너지를 흡수하는 성질이 있지요. 그런데 전자레인지가 내는 전파의 진동수는 물의 진동수와 같습니다. 그래서 음식과 만나면 음식물에 있는 물 분자가 이 전파 에너지를 흡수하게 되는 것이지요.

이때 에너지를 흡수한 물 분자가 진동을 일으키면서 서로 부딪쳐 마찰열을 발생시킵니다. 음식은 바로 이 마찰열에 의해 데워지는 것입니다.

보통 전자레인지에서 꺼낸 그릇은 매우 뜨거운데 그릇은 물 분자가 없기 때문에 전파 에너지를 흡수하지 못합니다. 그릇이 뜨거운 것은 데워진 음식물 때문이라고 할 수 있지요.

8. 지렛대의 원리

지렛대만 있으면 지구가 들썩?

고대 그리스의 수학자이자 과학자인 아르키메데스가 어느 날 이렇게 말했습니다.

"나에게 지렛대만 준다면 지구라도 들어 올리겠다."

아르키메데스는 뭘 믿고 그런 엄청난 말을 한 것일까요?

아르키메데스가 생각한 것은 바로 지렛대의 원리였어요. 지렛대를 사용하면 과학적으로 아무리 무거운 것도 들 수 있다는 확신이 있었기 때문이지요. 대체 지렛대의 원리가 무엇이길래 그런 발상이 가능한 걸까요?

지렛대는 막대(지레)와 막대를 받치고 있는 받침대로 이루어져 있어요. 막대 한쪽 끝에 무거운 물건을 올려놓고 다른 쪽 끝에 힘을 가하면 적은 힘으로 들어 올릴 수 있지요. 이때 힘을 가하는 막

대 끝을 힘점, 무거운 물체가 놓여진 끝을 작용점이라고 합니다. 즉 지렛대는 받침점, 힘점, 작용점에 의해 물건을 들어 올리는 원리이지요.

이때 받침대에 올려놓는 지레의 위치에 따라 물건을 들어 올릴 때 드는 힘, 움직일 수 있는 거리(높이)가 결정됩니다. 받침대와 물건 사이의 거리, 받침대와 힘을 주는 지점 사이의 거리를 어떻게 조절하느냐가 지레 원리의 핵심이지요. 우리 주변에는 지렛대의 원리를 활용해 만든 물건들이 많아요. 시소, 병따개, 깡통 따개, 낚싯대 등이 그것이죠.

그런데 정말로 지렛대를 사용하면 과연 지구도 들 수 있을까요? 여러분의 상상에 맡기겠습니다.

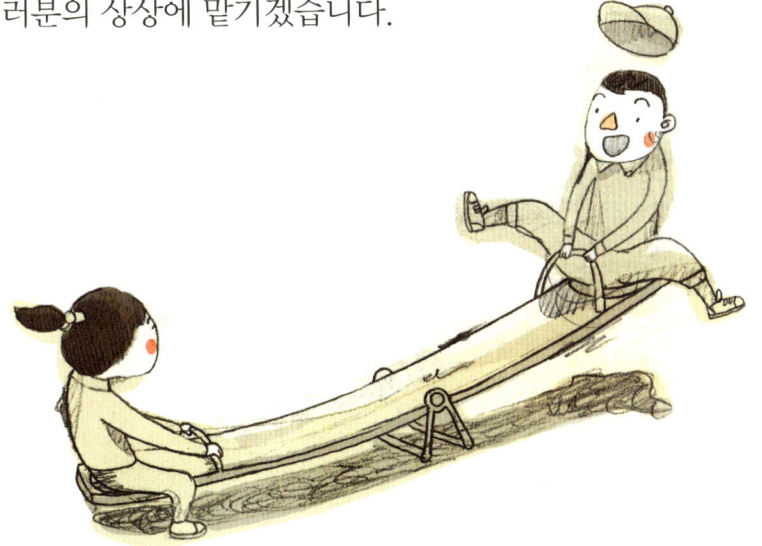

9. 톱니바퀴의 원리
자전거는 왜 연료 없이도 움직일까?

　어린아이에서부터 할아버지까지 누구나 가볍게 탈 수 있는 자전거는 예나 지금이나 인기가 많지요. 그런데 자전거는 어떻게 연료도 없이 앞으로 나아갈 수 있는 걸까요? 처음에 한번 힘을 주면 그 다음부터는 비교적 쉽게 달릴 수 있는 원인은 무엇일까요?

　자전거가 앞으로 나아가는 원리는 사실 간단합니다.

　자전거는 페달을 밟으면 그 힘이 체인을 거쳐 뒷바퀴에 전달되도록 만들어져 있지요. 그러면 뒷바퀴가 돌면서 추진력이 생겨 앞으로 나아가기 시작하고 이 추진력은 그대로 앞바퀴에 전달되어 함께 회전을 하게 되지요.

　하지만 앞바퀴의 가장 큰 역할은 방향을 바꾸는 일입니다.

　그런데 페달에 가해진 힘이 뒷바퀴에 전달돼서 계속 회전하도록 하는 것은 바로 체인의 몫입니다.

　체인은 볼록 솟은 부분과 움푹 들어간 부분이 번갈아 있는데 이것이 톱니바퀴의

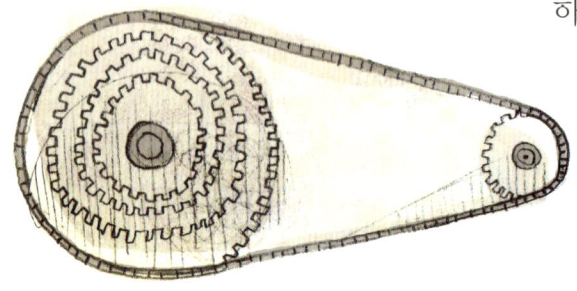

역할을 하는 것이지요.

다시 말해 톱니바퀴는 힘을 전달하는 동력 장치나 마찬가지지요. 이 톱니바퀴가 없다면 처음에 준 힘이 전달될 수 없을 거예요.

인류는 아주 오래 전부터 이 톱니바퀴의 원리를 이용해 바퀴로 이용하고 무거운 짐을 나르거나 이동하는 데 사용했지요. 나중에는 이 톱니바퀴의 원리가 공장의 기계를 돌리고 기관차를 만드는 데도 사용되었습니다.

10. 물속 압력을 견디는 힘 (물속에서의 무게와 압력)

물속 깊은 곳에선 어떤 일이 벌어질까?

깊은 바닷속은 어떨지 상상해 본 적이 있나요? 산소도 없고 아주 캄캄하고 추울 것 같다고요?

물속 깊은 곳에 들어가면 제일 먼저 만나는 것이 수압입니다. 수압은 물의 압력을 말해요. 물속의 압력은 10미터를 내려갈 때마다 1기압씩 증가합니다. 이 수압은 사람이 아무런 장비 없이 물속으로 내려갈 경우 귀의 고막을 터뜨리거나 심하면 목숨까지 잃게 하지요. 만약 호흡 장치 없이 내려간다면 깊이는 수면에서 10미터 이내가 안전하고 시간도 2분을 넘기지 않는 것이 좋습니다. 그 이상은 수압이 높아 사람이 살 수 없기 때문이에요.

다만 바다 깊이 내려간 잠수부들은 다시 올라올 때 단번에 쑥 올라오면 안 됩니다. 높은 수압 때문에 몸 조직 내의 질소 중 일부가 혈액 속으로 녹아 들어가 기포를 형성하는 잠수병에 걸리기 때문이지요. 이 기포가 만약 뇌나 척수에 모이게 되면 생명이 위험해질 수도 있으니 반드시 중간 중간 쉬면서 혈액 중의 질소가 폐를 통해 방출되도록 기다렸다가 천천히 올라와야 합니다.

그렇다면 깊은 바닷속에 사는 물고기(심해어)들은 어떻게 그 엄청난 수압을 견디며 살아 있는 걸까요?

다행히 심해어들의 몸은 이런 수압을 견디도록 태어났답니다. 즉, 심해어들은 몸 안에 바닷물이 쉽게 들어오도록 진화되어 있습니다. 밖에서 누르는 힘에 대항하기 위해서 스스로 바닷물을 받아들여 바깥의 압력에 대항하는 것이지요.

놀라운 생명

11. 식물의 줄기는 무슨 일을 할까?
12. 잎은 식물이 숨쉬는 곳?
13. 식물의 영양섭취, 광합성
14. 열매와 씨앗
15. 식물의 분류
16. 동물들의 짝짓기와 번식
17. 동물은 어떻게 분류하나?

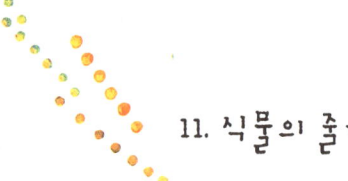

11. 식물의 줄기는 무슨 일을 할까?

줄기가 하는 일은 대체 뭐야?

식물은 화려한 꽃과 잎 때문에 사람들의 눈을 즐겁게 합니다. 하지만 아무리 화려한 꽃과 잎도 줄기로 지지를 받지 못하면 아름다운 자태로 서 있을 수 없어요. 줄기는 식물을 지탱하고 있는 몸통 같은 것으로 잎과 꽃이 달려 있는 곳이지요. 줄기가 있어서 잎들은 골고루 햇빛을 잘 받을 수 있지요.

이러한 줄기는 뿌리에서 빨아들인 물과 양분을 잎으로 운반하는 역할을 합니다. 잎은 이 물과 양분을 받아서 식물에 필요한 영양분을 만들지요.

또한 줄기는 잎에서 만들어진 양분을 식물의 다른 부분으로 운반해 주는 통로 역할도 합니다. 그러니까 줄기는 우리 몸의 각 부분으로 뻗어 있는 혈관과 같은 곳이라고 할 수 있겠지요.

줄기는 식물마다 크기와 생김새가 다릅니다.

대부분의 줄기는 땅 위로 올라와 있지만 일부 줄기는 땅속에서 자라거나 땅 위를 기면서

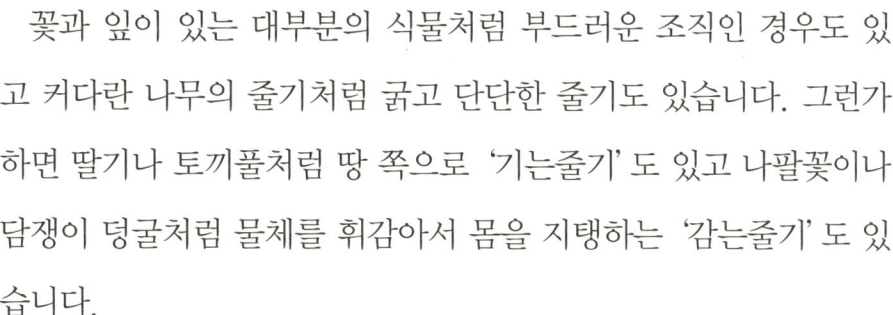
감는줄기

옆으로 자라기도 하지요. 줄기를 살펴보면 중간에 눈이 달린 곳이 있는데, 이곳을 '마디'라고 합니다. 잎과 꽃이 나오는 곳이지요.

꽃과 잎이 있는 대부분의 식물처럼 부드러운 조직인 경우도 있고 커다란 나무의 줄기처럼 굵고 단단한 줄기도 있습니다. 그런가 하면 딸기나 토끼풀처럼 땅 쪽으로 '기는줄기'도 있고 나팔꽃이나 담쟁이 덩굴처럼 물체를 휘감아서 몸을 지탱하는 '감는줄기'도 있습니다.

이러한 줄기들은 우리에게 어떻게 쓰일까요?

줄기도 뿌리처럼 음식물로 쓰이기도 하고 제품의 원료가 되기도 합니다. 아스파라거스나 죽순 등은 식용으로 쓰이고 사탕수수나 수수의 줄기로는 설탕을 만들지요. 그 밖에 가구나 종이의 원료로도 쓰입니다.

기는줄기

줄기 속은 어떻게 생겼을까?

줄기는 물과 양분을 식물의 각 부분에 전달해 주는 길이랍니다. 줄기는 대체 어떤 구조로 생겨서 이런 일이 가능할까요?

줄기는 표피와 관다발로 이루어져 있어요.

표피는 줄기의 가장 바깥쪽에 있는 층으로 줄기를 외부로부터 보호하는 역할을 해요. 그 안에 관다발이 있는데, 관다발은 물과 양분을 운반해 주는 길이 모여 있는 곳이에요. 이 관다발은 크게 체관부, 물관부, 부름켜로 나누어집니다.

체관부는 살아 있는 세포로 이루어진 체관이 있어서 잎에서 만들어진 양분을 줄기 아래쪽으로 운반하는 통로 역할을 합니다.

반면 물관부는 죽은 세포로 만들어진 관으로 뿌리에서 빨아들인 물을 식물의 다른 곳으로 운반하는 통로가 되지요. 부름켜는 물관부와 체관부 사이의 조직으로 줄기를 굵어지게 하지요.

여름에는 빨리 자라고 겨울에는 더디 자라는 특징이 있습니다. 하지만 식물의 종류에 따라 부름켜가 없는 경우도 있지요. 이 물관, 체관, 부름켜를 합쳐서 '관다발'이라고 부릅니다. 관다발의 구조는 식물에 따라서 약간씩 차이가 있습니다.

  나무는 몸통 자체가 줄기 역할을 하는데요, 해마다 자라면서 새로운 물관부를 만들지요. 이것이 쌓여서 이루어진 층이 바로 나이테입니다. 그러니까 나이테의 수로 나무의 나이를 알 수 있는 것이지요.

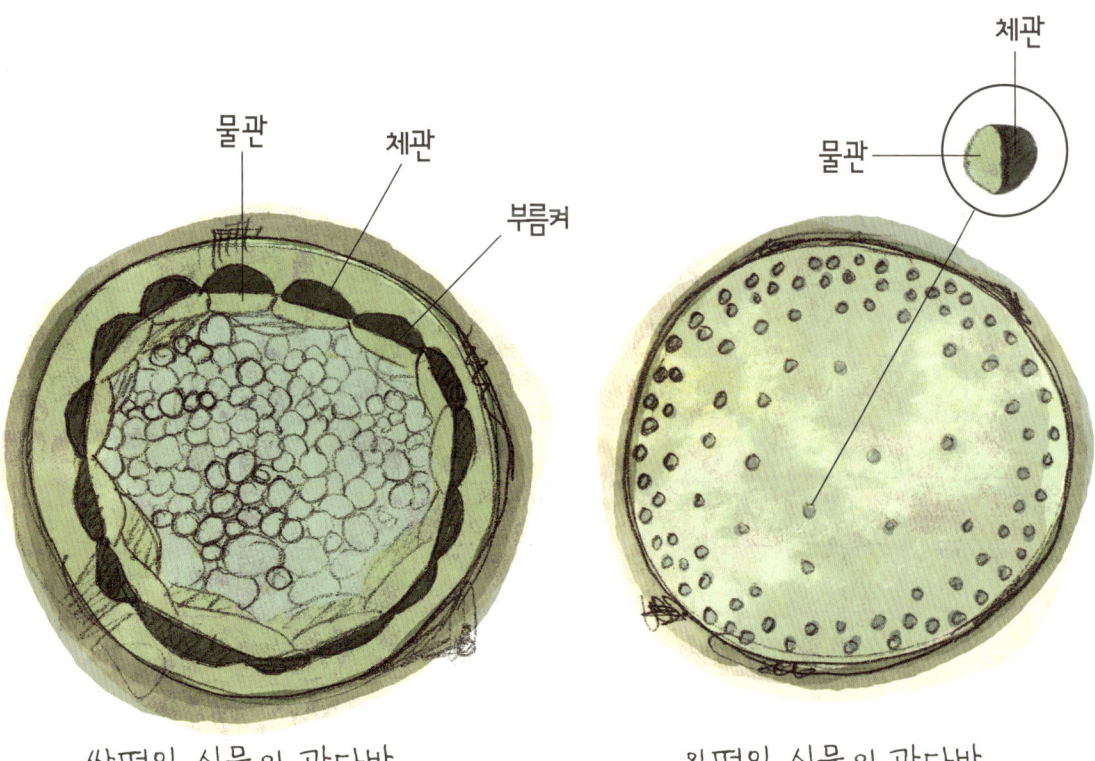

쌍떡잎 식물의 관다발   외떡잎 식물의 관다발

12. 잎은 식물이 숨 쉬는 곳?
줄기에 달라붙은 녹색 기관

잎은 줄기 둘레에 규칙적으로 달라붙어서 식물의 외관을 풍성하고 아름답게 보이도록 하지요. 그 모양도 둥근 모양에서부터 깃털 모양, 하트 모양, 별 모양 등 다양합니다. 잎의 모양을 보고 식물의 이름을 알아맞힐 수 있을 정도지요.

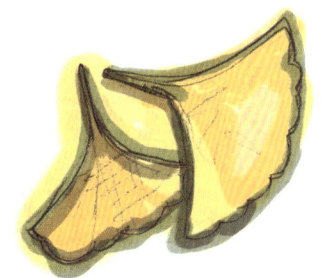

이러한 잎의 유형은 크게 두 가지로 나누어집니다. 우리 주변에서 보는 은행나무나 플라타너스, 장미 등과 같이 잎이 넓고 편평한 경우를 '활엽'이라고 하고, 소나무나 전나무처럼 잎이 바늘같이 뾰족하게 생긴 경우를 '침엽'이라고 하지요.

식물들의 잎은 전체의 대부분을 차지하는 '잎몸'과 줄기에 연결되어 있는 '잎자루', 잎자루에 붙어 있는 턱잎으로 이루어져 있습니다. 간혹 턱잎이 없는 것도 있지요. 그리고 잎몸에는 마치 잎의 무늬처럼 여러 개의 선들이 나있지요. 이것을 '잎맥'이라고 합니다. 잎맥은 잎의 무늬라기보다는 잎에 나 있는 여러 개의 맥이지요.

잎맥은 잎 속에서 양분과 물이 이동하는 통로로서, 크게 나란히맥과 그물맥으로 나눌 수 있습니다. 나란히맥은 몇 개의 큰 잎맥이 서로 평행하게 나 있는 경우로, 잎을 찢어보면 잎맥의 결을 따라서 가늘게 찢어지지요. 그물맥은 몇 개의 큰 잎맥에서 가는 잎맥에 뻗어 나가 그물 모양을 이룬 것을 말합니다.

잎몸과 잎자루, 턱잎 등 각 부분의 크기와 형태는 식물들에 따라 특색이 있어서 식물을 식별하는 데 중요한 요인이 되기도 하지요.

잎이 줄기에 붙어 있는 모양으로 구분하기

① 마주나기
  마디 한 개에 잎이 두 장씩 마주 보고 나 있다.
  백일홍, 사철나무, 별꽃, 패랭이꽃 등
② 어긋나기
  마디 한 개에 잎이 한 장씩 어긋나게 붙어 있다.
  밤나무, 사철나무, 벚꽃, 나팔꽃 등
③ 돌려나기
  마디 한 개에 잎이 세 장 이상씩 돌려서 나 있다.
  쇠뜨기, 쇠뜨기말, 검정말, 갈퀴덩굴 등
④ 뭉쳐나기
  여러 개의 잎이 짧은 줄기에 뭉쳐 나 있다.
  민들레, 소나무, 은행나무, 낙엽송 등

13. 식물의 영양 섭취, 광합성 (식물의 잎이 하는 일)

식물은 **햇빛**을 먹고 자란다?

우리가 활동하는 데 필요한 에너지를 얻고 또 키가 쑥쑥 자라는 것은 무엇 때문일까요?

바로 음식을 통해 얻는 영양분 때문이지요. 동물들도 늘 살아남기 위해 먹이사냥에 열을 올립니다. 먹어야 사는 건 모든 생명체들의 공통점이지요. 그렇다면 식물은 어떤가요? 식물들도 생명체이기 때문에 어딘가에서 영양분을 섭취해야겠지요?

식물들은 대체 무엇으로 영양을 섭취할까요? 바로 햇빛이랍니다. 식물은 이 햇빛을 통해서 식물에게 필요한 양분을 만들지요. 이 과정을 '광합성' 이라고 합니다. 눈에 보이지는 않지만 식물들은 햇빛이 있는 시간에는 늘 열심히 광합성을 하고 있답니다.

광합성이 일어나는 곳은 바로 식물의 잎이에요. 잎의 세포에는 엽록체라는 것이 있어요. 이 안에 있는 엽록소에서 햇빛을 흡수해야 일어나지요. 식물들이 녹색을 띠는 이유는 바로 엽록체가 녹색을 띠고 있기 때문이에요. 녹색을 띠지 않는 식물은 광합성을 하지 않지요.

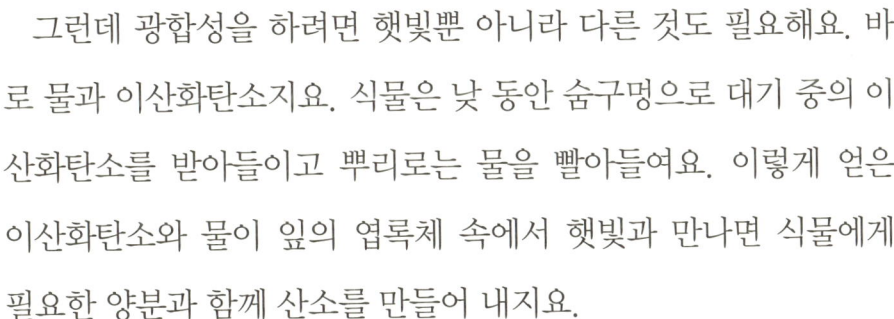

그런데 광합성을 하려면 햇빛뿐 아니라 다른 것도 필요해요. 바로 물과 이산화탄소지요. 식물은 낮 동안 숨구멍으로 대기 중의 이산화탄소를 받아들이고 뿌리로는 물을 빨아들여요. 이렇게 얻은 이산화탄소와 물이 잎의 엽록체 속에서 햇빛과 만나면 식물에게 필요한 양분과 함께 산소를 만들어 내지요.

이때 식물은 양분은 저장하고 산소는 밖으로 내보낸답니다.

이런 광합성은 그야말로 '식물들의 식사'라고 할 수 있지요.

녹색식물들은 햇빛을 받아들여 양분을 저장하고 산소를 내보내는 '광합성'을 한다.

광합성을 하면 무슨 일이 생기나?

식물들이 광합성을 하는 과정은 마치 사람이 호흡을 하는 것과 같아요. 단지 사람은 산소를 들이마시고 이산화탄소를 내뿜는 반면에 식물들은 그 반대이지요. 이산화탄소는 흡수하고 산소는 밖으로 내보낸답니다.

그 과정을 좀 더 자세히 살펴볼까요?

식물들은 엽록체에서 빨아들인 빛 에너지를 이용해 흙에서 빨아올린 물을 수소와 산소로 분해하지요. 이때 복잡한 과정을 거쳐서 수소는 공기 중의 이산화탄소와 결합해 당을 만들고 흙 속에서 빨아들인 다른 성분과 결합해 양분을 만듭니다. 이때 물 분자에서 빠져나온 산소를 밖으로 내뿜는 것이지요.

그런데 밤이 되면 달라져요. 밤엔 광합성을 일으키는 중요한 성분인 햇빛이 없기 때문에 낮에 만든 양분을 필요한 곳에 이동시키고 저장할 뿐 광합성은 일어나지 않지요. 이때는 식물들도 사람처럼 산소를 받아들이고 이산화탄소를 내뿜어요. 그리고 이렇게 내뿜어진 이산화탄소는 다음날 낮 동안에 광합성을 하는 데 다시 이

용되지요. 한마디로 식물들은 광합성과 호흡을 통해 지구상의 이산화탄소와 산소가 자연스럽게 균형을 유지하도록 한답니다.

식물이 많은 곳에 가면 공기가 맑고 상쾌한 것은 바로 식물들이 내보내는 산소 때문입니다. 식물들도 물론 자신이 만든 산소를 통해 다시 숨을 쉬지만 광합성을 통해 내보내는 산소의 양은 그보다 훨씬 많지요. 우리가 숲을 돌보고 나무를 많이 심어야 하는 이유를 이제 알겠지요?

14. 열매와 씨앗

열매는 먹고 씨는 퍼뜨리고

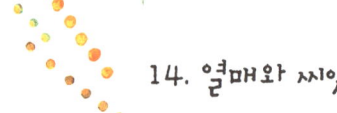

꽃은 화려한 모습으로 피지만 오래 못가서 시들지요. 어떤 사람들은 그렇게 금방 시들어 버리는 꽃이 변덕쟁이 같아서 싫다고 합니다. 하지만 꽃이 시드는 것은 수정이 끝나서 꽃이 자기의 임무를 다했기 때문이지요. 꽃은 다음의 결실을 위해 장렬히 죽음을 맞이하는 것입니다.

꽃가루의 수분이 일어나서 수정이 되면 밑씨는 그때부터 씨로 자라기 시작하지요. 밑씨가 씨로 자라는 동안 씨 주위를 감싸고 있는 씨방도 함께 자라는데 이것이 식물의 열매가 되는 것이지요.

열매의 형태는 매우 다양합니다. 사과, 배, 포도처럼 물이 많은 '장과', 그리고 호두, 밤, 은행처럼 단단한 견과가 되는 경우도 있지만 솔방울이나 꼬투리가 되는 경우도 있지요. 이것도 열매의 일종입니다.

열매는 씨를 보호하는 역할을 하고 씨가 자라기에 적당한 장소로 옮겨질 수 있도록 하는 역할도 합니다. 즉 과일과

> 씨앗은 씨눈, 씨젖, 씨껍질로 이루어진다.
> 씨눈은 자라서 떡잎, 어린 줄기, 어린 뿌리가 될 부분이고, 씨젖은 씨눈이 싹 틀 때 필요한 양분을 저장하는 곳이다.

견과는 맛이 좋고 영양분이 많아서 다른 동물들이 종종 먹이로 삼지요. 그런데 동물들은 딱딱한 씨앗은 먹지 않고 땅에 떨어뜨리지요. 열매가 달콤한 맛을 띠는 것은 씨앗을 퍼뜨려 줄 동물들을 유혹하기 위해서랍니다.

또한 열매는 크게 참열매와 헛열매로 나눌 수 있어요. 참열매는 씨방이 자라서 열매가 된 경우로 감, 복숭아, 포도, 오이, 호박 등이 속해요. 헛열매는 씨방 이외의 부분인 꽃받침, 꽃받기 등이 자라서 열매가 된 경우로 사과, 배, 딸기, 파인애플 등이 여기에 속하지요.

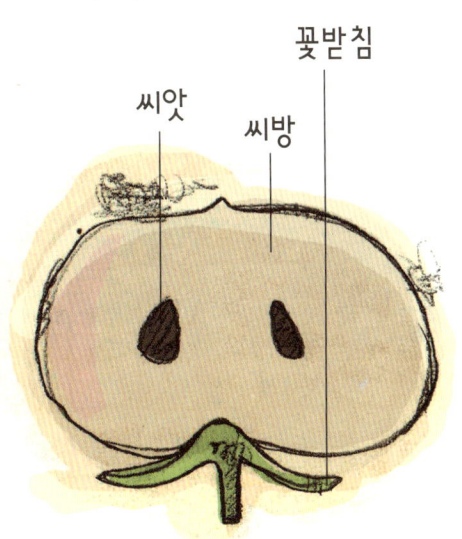

감 : 씨방이 자란 참열매

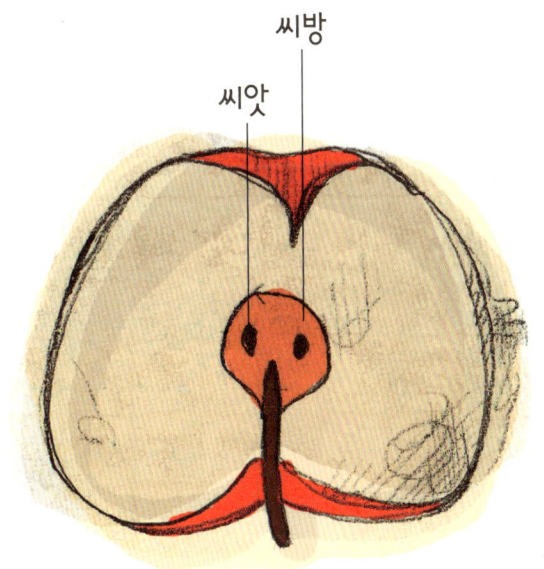

사과 : 꽃받침이 자란 헛열매

씨앗은 어떻게 퍼지나?

식물은 씨앗을 어떻게 퍼뜨릴까요?

나무는 꽃을 피우고 열매를 맺지만 스스로 움직일 수 없기 때문에 다른 힘을 빌려 씨앗을 멀리 퍼뜨려야 합니다. 그러지 않으면 같은 장소의 빛과 물을 놓고 경쟁을 해야 하지요.

씨앗은 바람을 통해 멀리 날아갈 수 있습니다. 그러려면 아주 가벼워야 하겠지요. 그런데 어떤 씨앗에는 날아가기 좋도록 날개가 달린 것도 있습니다. 이런 씨는 바람이 불면 나무에서 떨어져 소용돌이치며 날아가지요. 공기 중에 잘 떠다닐 수 있도록 낙하산이 달린 씨도 있지요.

가볍지도 않고 날개도 없는 장과나 견과의 씨앗은 동물들이 열매를 먹고 난 뒤, 그 씨를 땅에 떨어뜨리지요. 어떤 씨는 동물의 소화기관을 통과하고 나서도 온전하게 남아 배설물과 함께 떨어져 나오기도 합니다.

일부 나무의 씨는 꼬투리에 담겨 보호를 받

다가 완전히 익으면 저절로 툭 터지면서 씨가 흩어지는 경우도 있지요. 등나무 꼬투리나 금사슬 나무 등 콩과 식물들이 대부분 여기에 속하지요.

한편, 코코넛 열매는 물 위를 건너 퍼지지요. 코코넛의 하얀 살은 실제로는 커다란 씨입니다. 표면이 거친 껍데기가 구명조끼 역할을 해서 큰 씨를 바다 건너까지 항해하도록 해 주지요. 해변에 도착한 코코넛 열매는 곧바로 뿌리를 내리고 자라난답니다.

모든 열매는 식물들의 최종 결실이고 동물들의 먹이가 되지만, 열매는 또한 새로운 식물의 한살이가 시작되는 출발점이기도 합니다. 열매 속의 씨가 빛과 수분이 충분한 장소에 떨어지면 다시 싹을 틔워 자라기 때문이지요. 식물들은 이렇게 끊임없이 씨앗과 열매의 순환을 반복하며 지구상에 존재하는 것이지요.

식물은 수정이 끝난 후 씨앗과 함께 씨방이 자라 열매가 되고, 열매 속의 씨는 다시 땅에 뿌려져 새로운 식물의 한살이를 시작한다.

15. 식물의 분류

식물은 어떻게 분류할까?

지구 상에 존재하는 식물의 종류는 얼마나 될까요? 현재 알려진 것으로는 대략 40만 종이라고 합니다. 이 식물들은 지구 전역에 넓게 퍼져 있고 서로 모습이 비슷한 것이 있는가 하면, 전혀 다른 것도 있지요. 그 모습만큼이나 식물의 특성도 다르답니다. 하지만 식물들은 몇 가지 공통된 특성에 따라 분류해 볼 수 있지요.

식물들을 분류하는 기준은 무엇일까요?

우선 식물체의 구조상의 특징과 번식 방법, 사는 장소, 엽록소가 있는가 없는가, 영양기관이 어느 정도 발달했는가를 기준으로 공

통된 특성을 가진 식물끼리 묶어서 분류할 수 있어요.

먼저 식물은 크게 꽃이 피는 '종자식물'과 꽃이 피지 않는 '민꽃식물'로 나뉩니다.

종자식물은 다시 '겉씨식물'과 '속씨식물'로 나뉘는데, 겉씨식물은 소나무, 은행나무, 잣나무처럼 씨방이 없이 밑씨가 겉에 나와 있는 식물을 말하지요. 반대로 속씨식물은 밑씨가 씨방 속에 묻혀 있는 식물을 말합니다. 이 속씨식물은 다시 싹이 틀 때 떡잎이 두 개 나오면 쌍떡잎식물, 한 개 나오면 외떡잎식물이라고 부르지요. 쌍떡잎식물로는 국화, 민들레, 장미, 강낭콩 등이 있고, 외떡잎식물로는 백합, 난초, 벼, 나리, 붓꽃, 파 등이 있습니다.

식물			
민꽃식물 (꽃이 피지 않음)		종자식물 (꽃이 핌)	
엽록체 있음	엽록체 없음	겉씨식물	속씨식물
양치식물 (고사리, 쇠뜨기 등) 선태식물 (우산이끼, 솔이끼 등) 조류 (파래, 미역, 김 등)	곰팡이류 (푸른곰팡이, 누룩곰팡이 등) 버섯류 (송이, 느타리, 팽이 등)	쌍떡잎식물 (소나무, 국화, 민들레, 장미, 강낭콩 등)	외떡잎식물 (무궁화, 백합, 난초, 벼나리, 붓꽃, 파 등)

이번엔 꽃이 피지 않는 민꽃식물을 살펴볼까요?

민꽃식물은 다시 엽록체를 가진 것과 가지지 않는 것으로 분류됩니다. 즉 꽃이 피지 않지만 엽록체를 가진 것은 땅 위에서 생활하는 고사리나 이끼 같은 식물이 있고 물속에 사는 미역, 파래 등이 있지요. 꽃이 피지 않고 엽록체도 없는 식물에는 곰팡이와 버섯이 있습니다.

각각에 해당하는 식물들은 또 특징에 따라 양치식물, 선태식물, 조류와 균류로 불리는데 이를 표로 나타내 보면 옆의 표와 같이 정리할 수 있습니다.

식물의 종류가 참 많지요?

16. 동물들의 짝짓기와 번식

동물들의 짝짓기

사람은 남자와 여자로 나뉘지요. 동물들은 수컷과 암컷으로 나뉩니다.

수컷에겐 수컷 생식기가 있고 몸에 정자를 가지고 있지요. 암컷은 암컷 생식기와 난자를 가지고 있습니다. 정자와 난자가 짝짓기를 통해 만나면 새끼 동물이 태어나는 것이지요.

보통 동물의 암수는 모양이나 몸집의 크기, 색깔, 울음소리 등으로 구별이 되는데, 고등동물로 갈수록 암수의 구별이 더욱 뚜렷해지지요.

나는 울음주머니를 부풀려 노래해.

그런데 동물들은 사랑하는 상대가 생기면 짝짓기를 하는 게 아니라 특정 시기가 되면 짝짓기를 합니다. 짝짓기를 하는 가장 큰 이유가 번식에 있기 때문이지요. 따라서 동물들이 짝짓기를 하는 기간은 그 동물의 번식기에

나의 아름다운 꼬리를 보면 안 넘어 올 리가 없어!

해당하는데, 한 해의 어느 특정 기간에 한정되어 있습니다.

수컷들은 종종 암컷을 차지하기 위해 구애 작전을 벌이거나 경쟁을 치러야 할 때가 많습니다. 자신을 다른 수컷보다 돋보이게 하기 위해 갈기를 달거나 화려한 빛깔로 치장하거나 노래를 부르거나 혹은 경쟁자 수컷과 싸움을 벌이기도 하지요.

그런데 희한하게도 동물들 중엔 암수가 따로 구분되지 않는 것이 있습니다. 달팽이나 지렁이는 한 몸에 암수 생식기를 모두 가지고 있지요. 이런 동물들을 '암수한몸'이라고 합니다. 그렇다면 암수한몸 동물은 어떻게 짝짓기를 할까요?

암수 한 몸이라도 번식을 하려면 다른 상대와 짝짓기를 해야 합니다. 같은 몸속에 있는 정자와 난자는 서로 만나지 않기 때문이지요. 서로 정자를 주고받는 식으로 짝짓기를 하는 것이랍니다.

동물들의 다양한 번식 방법

동물들의 번식 방법은 종에 따라 다릅니다.

크게는 난생과 태생으로 나누어지는데, 난생은 알을 낳는 것이고 태생은 새끼를 낳는 것이지요. 난생의 경우 알에서 부화하여 성충이 될 때까지 여러 차례 모습을 바꾸는 변태 과정을 겪지만 태생은 어미 뱃속에서 변화를 거쳐 어미를 닮은 모습으로 완성되어 새끼로 태어납니다. 새끼를 여러 마리 낳는 것도 있고 한 마리만 낳는 것도 있습니다.

사람이나 동물이나 새끼를 낳으면 부모가 돌봐야 하는 것은 당연한 이치이지요. 하지만 동물들의 새끼는 사람들만큼이나 오랫동안 새끼를 돌볼 수 없답니다. 캥거루와 코알라는 새끼를 작게 낳아 주머니에 넣고 6개월간 돌봅니다. 표범은 3개월간 젖을 먹이고 나서 사냥하는 법과 혼자 사는 법을 익힙니다. 22개월이 되면

어미 곁을 떠나지요. 코끼리는 새끼를 한 마리 낳아 3년 동안 젖을 먹입니다.

　독수리는 새끼 두 마리를 남겨 두고 둥지를 떠납니다. 그러면 큰 놈이 작은놈을 죽입니다. 살아남은 새끼를 굶겨가며 나는 법을 가르치고, 사냥하는 법을 가르친 뒤에야 먹이를 준답니다. 너무 매정한 부모라고요? 험악한 정글에서 살아남는 법을 가르치려면 어쩔 수 없지요.

17. 동물은 어떻게 분류하나?

등뼈가 없는 동물 (무척추동물)

지구 상엔 얼마나 많은 동물들이 살고 있을까요? 현재 알려진 바로는 약 150만 종의 동물이 살고 있다는데, 과학자들은 아직도 100만 종 정도는 더 있을 것으로 추정하고 있습니다. 이렇게 많은 동물들을 어떻게 분류할까요?

동물들은 우선 몸의 구조상 등뼈를 가지고 있는 동물과 등뼈가 없는 동물로 크게 나뉠 수 있습니다. 등뼈가 있으면 척추동물, 등뼈가 없으면 무척추동물이라고 하지요. 그 외에 번식 방법에 따라 난생과 태생, 체온에 따라 변온동물, 항온동물로 나뉘기도 하지요.

먼저, 무척추동물은 원생생물, 강장동물, 편형동물, 연체동물, 절지동물, 극피동물로 다시 나뉩니다.

각각의 특징을 분류표를 통해 알아볼까요?

동물은 등뼈가 있으면 척추동물,
등뼈가 없으면 무척추동물이라고 한다.

원생생물	한 개의 세포로 돼 있는 미생물이다.		짚신벌레, 유글레나 등
강장동물	몸속에 빈 공간이 있다.		해파리, 말미잘, 히드라
편형동물	몸이 편평하고 대개 기생 생활을 한다. (플라나리아 예외)		플라나리아
연체동물	몸이 말랑말랑하고 조개류처럼 껍질이 있는 것도 있다.		바지락, 달팽이, 오징어 등
절지동물	다리가 마디로 돼 있는 것이 특징이며 곤충류, 거미류, 갑각류, 다지류로 나뉜다.		곤충류:파리, 꿀벌, 매미 거미류:거미 등 갑각류:게 등 다지류:지네 등
극피동물	석회질의 단단한 외골격을 가지고 있고 종종 몸에 가시가 나 있다.		해삼, 불가사리, 성게 등

등뼈가 있는 동물 (척추동물)

척추동물은 몸속에 등뼈가 있는 동물로, 호흡기관, 체온, 번식 형태에 따라 포유류, 조류, 파충류, 양서류, 어류로 나뉩니다.

동물 역시 계통수로 나타내 보면 원생동물이 가장 덜 진화한 원시적인 동물 군이고 포유류로 갈수록 진화된 고등동물이라고 할 수 있지요.

척추동물은 환경에 따라 체온이 변하는 변온동물과 환경의 변화에 상관없이 일정한 체온을 유지하는 항온동물로 나뉘는데 전자를 냉혈동물이라 부르고 후자를 온혈동물이라고 합니다. 조류와 포유류는 온혈동물에 속하지요.

오늘날 지구상에서 가장 진화된 형태로 알려진 포유류에는 약 4,500종이 있는데 우리 인간은 이 포유류에 해당하지요.

 척추동물은 변온동물과 항온동물로 나누어진다.

어류	물속 생물로 피부는 비늘로 덮여 있으며 아가미로 숨을 쉰다. 대부분 알을 낳아 번식한다.	붕어, 연어, 해마, 송어 등
양서류	마른 땅에서 살지만 새끼들은 물속에서 살고 어류처럼 숨을 쉰다. 허파로 숨을 쉬지만, 축축하고 비늘이 없는 피부로도 숨을 쉰다.	개구리, 두꺼비, 도롱뇽 등
파충류	비늘피부를 갖고 있고 허파로 숨을 쉬며 알을 낳는 냉혈동물이다.	악어, 거북, 이구아나, 도마뱀, 뱀 등
조류	깃털로 가지고 있고 날개가 있으며 허파로 숨쉬고 부리로 먹이를 먹는다. 온혈동물이고 난생이다	닭, 비둘기, 올빼미 등
포유류	큰 뇌와 예민한 감각을 가지고 있고 무리 지어 살기도 한다. 온혈동물로 진화된 폐를 가지고 있고 새끼를 낳는다. 동물 중 적응력이 높다.	토끼, 개, 소, 고래 등

신기한 물질

18. 물질의 변신은 무죄(1) - 물리적 변화
19. 환상의 드라이아이스 쇼! 어떻게 만들까?
20. 산성 용액과 염기성 용액, 둘이 만나면 중성!
21. 위험한 산성비, 염기성 비로 중화시킬 수 있을까?
22. 기체에 관한 오해 혹은 진실
23. 불의 '3요소'
24. 물질이 산소와 만나서 생기는 변화
25. 물질의 변신은 무죄(2) - 화학적 변화

18. 물질의 변신은 무죄(1) - 물리적 변화 (열에 의한 물질의 부피 변화)

유리컵을 던지면 유리 조각, 쇠를 녹이면 쇳물!

유리컵은 '유리라는 물질로 만들어진 물체'입니다. 그래서 유리컵은 깨지기 쉬운 유리의 성질을 그대로 가지고 있어요. 유리컵을 바닥에 던져 보세요. 아깝지만 쨍그랑 깨진다는 것을 눈으로 확인할 수 있지요. 유리컵은 깨지면 모양이 달라지지만 유리라는 성질은 그대로 갖고 있어요.

이번에는 나무를 잘라 볼까요? 나무를 자르면 나무토막이 되지요. 나무를 자른다고 해서 나무의 성질이 바뀌지는 않아요. 모양만 달라졌죠.

그렇다면 쇠를 한번 녹여 볼까요? 딱딱한 쇠를 용광로에 넣고 열을 가하면 딱딱한 쇠가 녹는답니다. 쇳물이 되어 흐르지요. 즉 고체에서 액체로 상태 변화가 일어난답니다.

이처럼 물질은 언제든지 변화할 수 있는 성질을 가지고 있어요. 유리나 나무처럼 '모양'이 변할 수도 있고, 쇠처럼 '상태'가 변할 수도 있지요. 설탕이 물에 녹아 설탕물이 되는 것도 상태가 변하는 것이랍니다. 성질은 그대로인 거죠. 물은 얼음으로 변하기도 하고 수증기가 되기도 하지요. 이것 역시 물의 성질은 변하지 않고 상태만 변한 것이지요.

이와 같이 물질의 고유한 성질은 변하지 않은 채 상태나 모양이 변하는 것을 '물리적 변화'라고 한답니다.

요점 정리 물질은 외부의 자극이나 힘, 온도나 압력 등에 영향을 받으면 분자 구조가 재배치되어 모양이나 상태가 변하는데, 이것을 '물리적 변화'라고 한다.

19. 환상의 드라이아이스 쇼! 어떻게 만들까?

나프탈렌이 감쪽같이 사라졌다고요?

물질은 눈에 보이든 보이지 않든 때때로 변화하고 있답니다. 왜냐하면 물질이란 언제나 주변의 압력이나 온도의 영향을 받게 되기 때문이죠.

액체가 얼면 고체가 되고 녹으면 다시 액체가 되었다가 또 열을 가하면 기체가 되어 공기 중으로 날아간다는 것, 잘 알고 있지요? 그런데 특이하게도 어떤 고체들은 녹지도 않았는데 곧바로 기체로 변해서 사라지는 경우가 있어요.

장롱 속이나 화장실에 놓아둔 나프탈렌이 바로 그런 경우지요. 나프탈렌을 놓아두고 시간이 지난 후에 가 보면 눈에 띄게 작아져 있거나 완전히 없어져 버렸답니다. 아무리 봐도 녹은 흔적이 없는데 대체 나프탈렌은 어디로 사라진 것일까요?

나프탈렌은 녹아서 액체가 되는 단계를 거치지 않고 곧바로 기체가 돼서 공중으로 날아가 버린 것이랍니다. 물질 중에는 이처럼 액체 단계를 거치지 않고 곧바로 고체에서 기체로 변하는 성질을 가진 것이 있어요. 나프탈렌 이외에도 유리창에 끼는 성에, 요오드 등이 그와 같은 성질을 가졌답니다.

이처럼 물질이 고체에서 직접 기체로 변하는 현상을 '승화'라고 한답니다.

드라이아이스를 녹이면 **안개**가 피어올라요!

여러분은 종종 음식을 보관하는 아이스박스나 냉동실에 항상 하얀 기체가 서려 있는 것을 볼 수 있지요. 또 즐겨 보는 텔레비전의 음악 프로그램이나 시상식 무대에서 뿌옇게 피어오르는 안개를 본 적이 있을 거예요.

이 모두가 드라이아이스를 이용한 현상이랍니다. 드라이아이스는 고체에서 액체를 거치지 않고 직접 기체로 변하는 '승화'의 성질을 갖고 있어요.

그럼 이 드라이아이스는 도대체 무엇으로 만들어졌을까요?

드라이아이스는 일종의 고체 이산화탄소라고 할 수 있어요. 기체인 이산화탄소에 아주 높은 압력을 가해 냉각시켜서 액체로 만든 다음 작은 구멍을 통해 액체를 뿜어내어 갑자기 팽창시키면 일부는 기체가 되고 일부는 눈과 같은 결정이 되지요. 이 결정을 다시 압축하면 바로 고체 이산화탄소인 드라이아이스가 됩니다.

냉각된 드라이아이스는 $-78.5℃$에서 승화하기 시작하죠. 이때 주위로부터 급속도로 열을 흡수하여 주위 온도가 급속도로 내려갑니다. 이런 성질 때문에 드라이아이스는 급속 냉각이나 냉동이 필요할 때 쓰인답니다. 또 드라이아이스가 승화할 때 발생하는 이산화탄소는 세균과 곰팡이 등 미생물의 번식을 억제해 채소나 과일을 신선하게 유지시켜 주기도 합니다.

드라이아이스를 다룰 때 주의할 점

피부에 직접 닿으면 동상에 걸린다. 반드시 장갑을 끼자.

창문을 열자. 밀폐된 공간에서 사용하면 호흡 장애가 오거나 질식할 수 있어.

승화하면서 폭발할 위험이 있어. 밀폐된 용기에는 배출구가 필요해.

20. 산성 용액과 염기성 용액, 둘이 만나면 중성!

용액, 함부로 맛보면 큰일 나요!

우리 주변에는 설탕물과 소금물을 비롯해서 오렌지 주스, 탄산음료, 식초, 주방 세제, 물비누에 이르기까지 다양한 용액들이 존재합니다.

그런데 우리는 흔히 어떤 용액에 대해서 알아보려고 할 때 먼저 맛을 보는 경우가 많아요. 그런데 어떤 용액들은 사람에게 해롭기 때문에 함부로 맛을 보면 안 됩니다. 그렇다면 용액의 성질을 알아보기 위해서는 어떤 방법을 쓰는 것이 좋을까요?

이럴 때 필요한 것이 바로 '지시약'입니다. 지시약이란 색깔의 변화로 용액의 성질을 알려 주는 물질이죠.

리트머스 종이는 붉은색과 푸른색 두 가지가 있어요. 용액에 이 리트머스 종이를 적시면 크게 두 가지 결과가 나옵니다. 하나는 푸른 리트머스 종이가 붉은색으로 변하는 경우고, 다른 하나는 붉은색 리트머스 종이가 푸른색으로 변하는 경우이지요. 붉은색으로 변한 경우는 '산성 용액', 푸른색으로

대표적인 지시약
- 리트머스 종이
- 비티비(BTB) 용액
- 메틸오렌지 용액
- 페놀프탈레인 용액

변한 경우는 '염기성 용액'이라고 합니다. 만약에 두 가지 다 색깔의 변화가 없으면 그 용액은 중성이라고 할 수 있어요. 하지만 우리 주변에서 물을 제외하고 용액으로서 중성을 띠는 것은 거의 찾아보기 힘들어요. 즉 대부분의 용액은 정도의 차이가 있을 뿐, 크게 산성 용액과 염기성 용액으로 분류된답니다.

용액의 성질을 나타내는 산과 염기는 화학 반응의 기초를 이루는 요인으로서 화학적으로 서로 반대되는 특성을 갖고 있지요.

용액의 성질에 따른 리트머스의 색깔 변화

붉은 리트머스 → 푸른색
푸른 리트머스 → 붉은색

붉은 리트머스 → 붉은색
푸른 리트머스 → 푸른색

붉은 리트머스 → 푸른색
푸른 리트머스 → 푸른색

산성 용액과 염기성 용액의 서로 다른 성질

우리 주변에서 산성을 띠는 용액은 무엇일까요?

익어서 신맛이 나는 김치, 오렌지나 레몬주스, 식초 등은 강한 산성을 띠는 용액들이지요. 산성을 띠는 용액들은 대체로 신맛이 나고, 전류를 통하게 합니다. 강한 산성을 띤 용액은 피부를 상하게 할 수 있으니, 손으로 만질 땐 조심해야 합니다. 또한 식초처럼 강한 산성을 띤 용액은 금속을 쉽게 녹이거나 녹슬게 합니다. 또 우리가 소화시킬 때 위에서 분비되는 위액도 강한 산성을 띠고 있지요. 그래서 음식물을 녹이는 것 이상의 위액이 과다 분비되는 것은 좋지 않지요.

한편 잿물이나 암모니아, 표백제 같은 것은 강한 염기성을 띠는 용액입니다. 그밖에 비눗물이나 바닷물도 약한 염기성을 띠지요. 염기성은 알칼리성이라고도 합니다. 염기성 용액은 대체로 쓴맛이 나고 몸에 닿으면 미끈미끈합니다. 또한 전기를 통하면 전류가 잘 흐르게 하지요. 이 염기성은 단백질을 녹이는 성질이 있기 때문에 몸에 해롭습니다. 절대 함부로 먹어선 안 됩니다.

한편 불순물이 없는 순수한 물은 중성을 띠는데, 산성과 염기성을 똑같은 양으로 섞으면 물과 같은 중성이 됩니다. 또한 우리 몸은 약한 알칼리성을 띤 중성이므로 산성 식품과 염기성 식품을 균형 있게 섭취하는 것이 건강에 도움이 됩니다.

요점 정리 모든 용액은 산성 용액과 염기성 용액으로 나누어진다.

21. 위험한 산성비, 염기성 비로 중화시킬 수 있을까?

산성비란 무엇인가?

옛날엔 비를 맞고 노는 게 아무 일도 아니었어요. 그런데 요즘은 비를 맞으면 큰일날 것처럼 법석을 떱니다. 이유는 산성비이기 때문이죠.

왜 산성비가 문제가 되는 것일까요?

산성비란 말 그대로 보통 비보다 산성이 강한 비를 말하지요. 최근 몇 년 사이에 전 세계적으로 산성비가 내리고 있습니다. 산성비로 인한 피해는 매우 심각합니다.

산성비가 땅으로 스며들면 지하수는 물론 하천도 산성화됩니다. 그로 인해 생물이 살 수 없게 되고 토양의 변질이 일어나지요. 토양의 변질은 식물과 농작물의 성장에 나쁜 영향을 미치게 되구요. 결국 산성비로 인해 자연 생태계가 점점 파괴되어 가는 것입니다. 이것은 우리의 생활이 위협받고 있는 것이지요.

또한 산성비로 인해 문화재도 많이 훼손되었답니다. 이집트의 스핑크스는 지난 수천 년 동안 비바람에 입은 상처보다도 최근 3~40년 사이에 내린 산성비로 더 많이 훼손되었다고 합니다.

그럼 이러한 산성비는 왜 내리게 된 것일까요?

원인은 바로 환경오염 때문입니다. 도시화, 공업화로 인해 공장이나 가정, 자동차 등에서 발생한 황산화물이나 질소산화물이 대기 중에 있다가 구름 속에서 태양 빛에 산화되어 황산과 질산을 형성하여 산성비로 떨어지는 것이지요.

산성비가 생겨나는 경로

자동차에서 배출되는 질소산화물과 공장이나 발전소에서 사용하는 석탄, 석유 등의 연료가 연소되면서 황산화물이 발생해요.

질소산화물과 황산화물이 대기 중에 축적되어 대기의 수증기와 만나면 황산이나 질산으로 바뀌지요.

이러한 물질들은 강한 산성을 띠고 있어 산성비가 되어 내리면 식물은 물론 사람에게도 피해를 입히게 되지요.

산성비로 인한 피해를 줄이는 방법

그렇다면 이런 산성비를 막을 수 있는 방법은 없는 것일까요?

산성은 염기성을 만나면 중성으로 변하니까 염기성 비를 만들어 뿌리면 그 피해를 막을 수 있겠지요. 만약에 그런 염기성 비를 만들어 낸다면 아마도 노벨상을 받게 될 거예요. 아직 전 세계적으로 일어나는 기후변화나 환경오염을 막을 수 있는 방법이나 기술은 그다지 많지 않지만 그 피해를 줄이는 노력은 가능하지요.

산성비의 피해를 줄이는 방법에는 어떤 것이 있을까요?

먼저 토양의 산성화는 대표적 염기성 물질인 석회 물질을 사용하여 중화시킬 수 있어요. 같은 방법으로 식물체 표면에 석회유를 뿌리는 것도 한 방법이지요.

또 다른 방법으로 나무를 통째로 베지 않고 가지만 베는 방법이 있답니다. 나무의 뿌리는 산성비를 흡수하고, 흙의 분해를 도와 땅의 산성화를 막아 주고 염기성 땅으로 만드는 작용을 합니다. 그런데 나무를 통째로 베어 버리면 뿌리가 제구실을 못하게 됩니다. 뿌리가 죽으면 땅의 산성화가 이루어지지요. 하지만 나뭇가지만 베어 뿌리를 살려 두면 땅의 산성화를 막을 수 있습니다.

무엇보다도 가장 중요한 것은 21세기 인류 최대의 적인 환경오염을 최대한 줄이는 것이랍니다.

요점 정리 환경오염으로 인해 생긴 산성비는 하천과 토양을 산성화시켜 생태계에 심각한 위험을 초래한다.

22. 기체에 관한 오해 혹은 진실
담배 연기와 스컹크가 내뿜는 가스의 정체

기체는 사방으로 퍼져 나가며 냄새를 확산시킨답니다. 그렇다면 몸에 해로운 담배 연기는 어떨까요? 언뜻 보기에는 기체가 분명한 것 같지만 담배 연기는 기체가 아닙니다.

담배 연기는 공중을 떠다니는 먼지처럼 작고 가벼운 미립자로 고체에 해당합니다. 다만 매우 가볍고 서로 결합하려는 성질이 없기 때문에 기체에 섞여서 퍼져 나가는 것이지요. 마치 모래바람처럼 말입니다.

담배 연기가 퍼져 나가는 것은 담배 연기 자체의 성질이 아니라

담배 연기를 둘러싼 기체의 확산 때문에 일어나는 현상일 뿐입니다. 스모그나 화재에 의한 연기 등도 일종의 담배 연기와 같은 현상이지요.

또 스컹크가 고약한 냄새를 풍기는 건 지독한 가스를 뿜어내기 때문이라고 생각하지요? 그러나 스컹크가 내뿜는 건 놀랍게도 가스가 아니라 노란 액체랍니다. 이 액체는 침투력이 좋아서 사람의 살갗이나 옷은 물론이고 나무나 돌멩이에도 배어든답니다.

냄새의 원인은 바로 이 노란 액체에 있습니다. 냄새가 얼마나 지독한지 며칠 동안 씻어도 지워지지 않고 바람을 타면 1킬로미터가 넘는 곳까지 퍼져 나간답니다. 주변에서 이 냄새를 맡은 동물들은 모두 피해서 도망을 가고 이후로는 함부로 스컹크에게 접근하지 않는다고 하니 강력한 살인 무기가 따로 없지요.

아무튼 스컹크가 끼는 지독한 방귀라고 알려진 물질은 가스가 아니라 바로 액체였다는 사실, 이제 아셨죠?

좋은 기체, 나쁜 기체

우리 주변에는 수많은 기체들이 있답니다. 그런데 기체마다 사람들에게 유익한 성질을 가진 것도 있고 해로운 것도 있지요. 또 들이마시면 기분이 좋아서 하하 웃게 되는 기체가 있답니다.

교통사고나 병으로 고통스러워 하는 환자들을 병원으로 옮길 때 종종 입에 대고 들이마시게 하는 기체가 바로 그것인데요, 바로 이산화질소입니다.

이산화질소를 들이마시면 고통을 잊게 해 주는 성질 때문에 한때 수술할 때 통증을 막기 위해 많이 쓰였어요. 이후에는 치과에서 마취제로 사용하면서 널리 알려졌지요. 그런데 정말 이산화질소가 사람들에게 행복 바이러스를 퍼뜨려서 즐겁게 만드는 것일까요?

이산화질소가 몸속에 들어오면 신경에 영향을 주어 정신을 몽롱하게 하고 자꾸 졸리게 만들죠. 그래서 아픈 걸 잊게 해 준답니다.

한편 난방 기구나 자동차의 배기가스 등에서 많이 나오는 일산화탄소는 우리 몸에 들어가면 피가 하는 일을 방해합니다. 피가 제 구실을 하려면 산소가 필요한데 일산화탄소가 산소의 활동을 자꾸

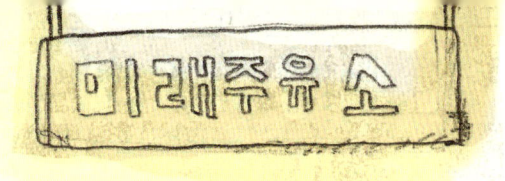

방해해서 머리를 아프게 하고 구역질을 느끼게 하며 심하면 목숨까지도 잃게 만들지요. 우리에게 직접 해를 끼치지는 않지만 냉장고에서 나오는 프레온 가스는 하늘로 올라가 자외선을 막아 주는 오존층을 파괴합니다.

　한편 미래 자동차 연료로 수소가 주목받고 있습니다. 주로 쓰이는 원료가 물인데다 연소해도 연기를 뿜지 않아서 무공해 에너지로 관심을 받고 있지요.

요점 정리 기체의 성질을 잘 이용하면 우리 생활에 유익하게 활용할 수 있다.

수소 가득 넣어 주세요.

23. 불의 '3요소'

불은 물질이 산소와 만나 열과 빛을 내는 현상!

생일 케이크 위에서 예쁘게 타오르는 촛불을 끌 때 '후' 하고 바람을 불어 끄지요. 이렇게 바람을 불어 불을 끄기도 하지만 대개 물을 부어 불을 끄지요. 하지만 기름에 불이 붙었을 때는 물을 부으면 안 돼요. 불이 꺼지기는커녕 더욱 커진답니다. 왜냐하면 기름이 물과 섞이지 않고 튕겨 나가기 때문이죠. 이럴 땐 기름이 든 그릇에 뚜껑을 덮거나 담요 같은 것으로 덮어 불을 꺼야 해요.

그런데 위에서 살펴본 세 가지의 경우 방법은 다르지만 모두 불이 꺼진 이유는 무엇일까요?

그것은 바람이나 물, 뚜껑이나 담요가 불이 계속 탈 수 있는 조건을 방해했기 때문입니다. 흔히 물질에 불을 붙이면 타오르는 것으로 알고 있지요.

하지만 산소가 없으면 불꽃은 일어나지 않아요. 산소가 다른 물질을 태우는 성질이 있다는 사실은 알고 있죠?

불은 불에 탈 수 있는 연료(가연물)와, 열(점화원) 외에도 반드시 산소가 있어야 일어납니다. 만일 이 세 가지 중 한 가지만 빠져도 불은 절대 일어나지 않지요. 그래서 이 세 가지를 '불의 3요소'라고 부른답니다.

입으로 바람을 불 때나 커다란 담요를 덮으면 불이 꺼지는 것은 순간적으로 산소를 날려 버리거나 산소가 들어가지 못하게 막았기 때문이죠.

물질이 산소와 만나 열과 빛을 내는 현상을 '연소'라고 하고, 반대로 불의 3요소 중 전부 또는 일부를 없애 불이 일어나지 못하게 하는 것을 '소화'라고 부른답니다.

요점정리 '불의 3요소'란 불에 탈 수 있는 연료(가연물)와 열(점화원)과 산소(산소 공급원)를 말한다.

우리 몸 안에서도 연소가 일어난다?

그런데 이러한 연소가 우리 몸 안에서도 일어난다는 사실을 들어본 적이 있나요? 놀랍지만 사실입니다. 우리 몸 안에서도 연소가 일어납니다.

연소란 '물질이 산소와 만나 반응하면서 열과 빛을 내는 현상'이랍니다. 바로 그와 같은 현상이 우리 몸속에서도 일어난답니다.

우리는 날마다 숨을 쉬면서 산소를 마십니다. 그리고 몸 밖으로 탄산가스를 뿜어내지요. 그러면서 우리 몸은 살아가는 데 필요한 열을 만들어 몸의 체온을 유지합니다. 그렇다면 몸속에서 불이 활활 타고 있다는 뜻인가요? 천만에요. 정말 그렇다면 어떻게 살아 있겠어요?

몸속에서 일어나는 연소 과정은 물체가 타는 것과 약간 다릅니다. 음식으로 섭취한 몸 안의 영양분은 우리가 마신 산소와 만나면 화학 작용이 일어납니다. 이로 인해

열이 발생하지요. 이 열이 우리가 생활하는 데 필요한 에너지로 쓰이게 되고, 나머지는 일산화탄소와 찌꺼기로 배출된답니다.

　연소의 핵심은 물질이 산소와 만나 격렬한 반응을 일으키는 것이고, 그 과정에서 열과 빛이 발생하는 것이지요. 그리고 이런 연소 과정을 거친 물질은 이전과는 다른 새로운 물질로 변합니다. 이처럼 물질이 산소와 만나 격렬하게 반응을 일으켜 새로운 물질이 되는 것을 '연소'라고 합니다.

 연소는 물질이 산소와 격렬하게 반응하여 새로운 물질을 만들면서 열과 빛을 내는 현상이다.

24. 물질이 산소와 만나서 생기는 변화
깎아 놓은 사과는 왜 변색이 될까?

사과를 깎아 놓으면 갈색으로 색이 변합니다. 음식물도 오래 두면 맛과 색이 변하면서 상하게 되지요. 가만히 두었는데도 깎아 놓은 사과가 변색이 되고 음식물이 상하는 이유는 무엇일까요?

바로 공기 중에 있는 산소 때문입니다. 즉 산소와 반응해서 물질에 변화가 생겼기 때문이지요. 철이 산소와 만나면 어떤 일이 생길까요? 산화철이란 새로운 물질이 생겨납니다.

철(Fe) + 산소(O) → 산화철(FeO)

이처럼 어떤 물질이 산소와 만나 새로운 물질로 변하는 현상을 '산화'라고 합니다. 그리고 이때 생기는 물질을 '산화물'이라고 하지요. 물질의 연소는 대표적인 산화 현상 중의 하나입니다.

이러한 산화 반응은 빨리 일어나기도 하고 천천히 일어나기도 합니다.

천연가스의 연소나 불꽃놀이는 짧은 시간에 일어나는 산화 반응이지요. 철이 수분이 있는 상태에서 녹스는 현상도 산화입니다. 한편 사람의 몸속에서 음식물이 산소와 만나 이산화탄소와 물, 에너지를 만드는 것도 느리긴 하지만 산화입니다.

그런데 어떤 물질이 산소와 만났다는 것은 동시에 다른 물질이 산소를 잃었다는 뜻이기도 합니다. 이를 '환원'이라고 하지요. 즉 산화와 환원은 언제나 동시에 일어나는 반응입니다. 제철소에서 산화철로부터 철을 얻거나, 구리 표면에 은을 도금하는 것은 대표적인 환원 반응이지요.

깎아 놓은 사과가 변색이 되고, 음식물이 상하는 이유는 '산화' 현상 때문이다.

우리 생활 속의 산화·환원 반응

산화와 환원 반응은 우리 생활 속 여기저기에서 거의 날마다 일어나고 있습니다. 머리에 파마를 해 보았어요? 파마는 대표적인 산화·환원 반응입니다.

파마 약은 머리카락 내에 스며들어 서로 결합하고 있던 단백질 섬유 가닥들에서 산소를 빼앗아 단백질 조직을 파기시키는 환원제라고 할 수 있습니다. 환원제를 바른 머리카락을 파마 기구로 말면 단백질 섬유 가닥들은 쉽게 서로 위치가 바뀌게 되지요. 이후 파마 과정의 필수인 중화제를 써서 단백질 섬유 가닥들이 다시 결합하도록 하면 머리카락들은 달라진 모양으로 고정되지요. 이때 중화제가 바로 머리카락을 산화시키는 역할을 합니다. 한마디로 파마는 머리카락 속의 단백질 분자가 포함된 산화·환원 반응

이라고 할 수 있지요.

 어머니가 세탁기에 빨래를 하실 때도 산화와 환원 반응이 일어납니다. 빨래를 하얗게 만든다는 표백이 바로 그것이지요. 이때 빨래 옷감의 색소를 탈색시키는데 산화제를 쓰기도 하고 환원제를 쓰기도 하지요.

 살균과 소독 또한 산화와 환원의 원리를 이용한 것이랍니다. 세균에 들어 있는 단백질 성분을 산화시켜 그 기능을 정지시키는 것이지요.

요점 정리 어떤 물질이 산소와 결합해 새로운 물질을 만드는 것을 '산화'라고 한다.

25. 물질의 변신은 무죄(2) - 화학적 변화
과거를 잊고 새 출발!

주변을 한 번 둘러 보세요. 우리 주변의 물질들은 끊임없이 변하고 있어요. 단지 그 변화의 속도가 빠른 것도 있고 눈에 보이지 않을 만큼 느린 것도 있지요. 사람이 나이를 먹으면서 자라나고 늙는 것도 오랜 기간에 걸쳐 일어나는 변화라고 할 수 있지요.

그런데 물질은 왜 변하는 걸까요? 물질들이 변하는 것은 끊임없이 외부 환경의 영향을 받거나 다른 물질과 결합해 반응을 하기 때문이에요. 물질들의 고유한 성격은 바뀌지 않은 채 모양과 상태만 바뀌는 것을 '물리적 변화'라고 합니다. 이때 물질들은 분자 구조만 바뀔 뿐 성질은 그대로 가지고 있지요.

그런데 때로 물질들은 다른 물질과 반응하는 과정에서 본래의 성질을 잃고 전혀 다른 새로운 물질로 변하기도 한답니다. 이러한 변화는 물질을 이루는 분자 구조가 달라지면

수소와 산소가 만나면 전혀 다른 성질의 물이 된다.

서 단순히 모양이나 상태가 변하는 물리적 변화와는 차원이 다른 변화랍니다.

 분자를 이루는 원자의 종류와 수에 변화가 일어나 분자 자체가 달라지지요. 물질의 성질을 결정하는 분자가 달라졌으니 당연히 새로 탄생한 물질도 이전과는 다른 성질을 갖게 되는 것이에요.

 이처럼 어떤 물질이 이전과 전혀 다른 물질로 변하는 것을 '화학적 변화'라고 합니다. 물리적 변화가 모습과 상태만 바꾼 것이라면 화학적 변화는 과거를 잊고 완전히 새롭게 태어나는 것을 의미하지요.

 화학적 변화의 대표적인 예가 산화 반응입니다. 화학적 변화에는 이것 외에도 두 가지 이상의 물질이 만나서 이루어지는 '화합', 이를 다시 분리하는 '분해' 등이 있습니다. 수소와 산소가 만나서 물이 되는 것은 대표적인 화학적 변화입니다.

연금술과 화학은 어떤 관계일까요?

자연에 존재하는 물질들 즉 공기, 물, 금속 등에 대한 궁금증에서 출발한 과학 분야를 '화학'이라고 해요. 물질들이 어떻게 생겼고 어떤 성질을 가지고 있으며 또 여러 가지 실험 등에서 어떻게 변하는지를 알아보는 학문이라고 할 수 있어요.

그런데 이러한 화학이 연금술에서부터 시작되었어요. 고대 이집트에서 시작해 그리스, 아랍, 인도, 중국, 유럽 등 전 세계적으로 인기를 끌었던 연금술은 원래 값싼 금속을 가지고 진짜 황금을 만들어 내는 기술을 뜻해요. 이러한 연금술은 모든 물질들은 그 성질이 변한다는 믿음에 기초하고 있지요. 즉 물질들을 최고의 비율로 배합하면 누구나 원하는 물질인 황금을 만들 수 있다는 거예요. 그러다 보니 자연히 과학자들은 물질의 성질에 대해 알고 싶어졌고 물질들 사이의 반응과 변화들을 연구하게 되었지요.

당시에는 주로 여러 가지 물질들로 금속, 귀금속, 합금 등을 만들었는데 이

러한 기술을 가진 사람을 연금술사라고 했지요. 사람들은 무엇이든 값진 것을 만들어 내는 연금술사들의 손을 보고 신의 손이라고 생각할 정도였어요. 그 당시엔 연금술이 최첨단 기술이었던 거죠.

하지만 점점 연금술을 인간의 욕심을 채우는 데 이용하려다 보니, 점차 과학에서 신비의 마법으로 바뀌었어요. 누구도 성공한 마법은 없지만요. 아무튼 연금술이 물질에 대한 인간의 호기심을 발전시켜서 화학이라는 분야를 탄생시키는 데 중요한 역할을 한 것만은 사실이랍니다.

> **요점 정리** 물질이 원자 수준에서 변화가 일어나 이전과는 전혀 다른 성질의 새로운 물질로 변하는 현상을 '화학적 변화'라고 한다.

신비로운 지구

26. 지구는 어떻게 생긴 별이지?
27. 지구가 운동을 하고 있다고?
28. 반짝반짝, 별자리 여행
29. 은하계와 별은 어떻게 생겨났을까?
30. 태양의 비밀
31. 태양의 식구들을 만나 볼까!
32. 천문대와 인공위성
33. 우주에서 살기

26. 지구는 어떻게 생긴 행성이지?

지구는 공처럼 생겼어요.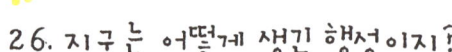

우리가 살고 있는 지구는 어떤 행성일까요? 만약에 외계인을 만난다면 지구를 어떻게 소개할 건가요? 소개를 하려면 지구에 대해 잘 알아야겠지요. 먼저 지구의 생김새부터 알아보아요.

지구의 생김새는 인공위성을 통해 우주에서 관측할 수 있답니다. 인공위성이 생기기 전인 옛날에는 지구가 어떻게 생겼는지 상상하는 수밖에 도리가 없었지요. 옛날 사람들은 지구가 평평하다고 믿었습니다. 그리고 지구 끝에 다다르면 절벽이 있어서 떨어질 것이라고 생각했지요. 그래서 사람들은 배를 타고 멀리 나가는 걸 꺼려했습니다. 배가 낭떠러지로 떨어진다고 생각했기 때문이지요.

그런데 피타고라스 같은 과학자들이 나타나서 지구는 평평하지 않고 둥글다고 주장하기 시작했습니다. 지구가 평평하지 않고 공처럼 둥글게 생겼다는 주장을 뒷받침할 만한 증거는 한두 가지가 아니었지요.

먼저, 먼바다에서 육지로 돌아오는 배를 살펴보니, 돛부터 보이기 시작해 점차 배 전체가 보였습니다. 지구가 평평하다면 처음부터 배 전체가 작게 보이다가 점점 커져 보이겠지요. 또한 월식 때, 달에 비친 지구의 그림자가 둥글게 나타났습니다. 그리고 적도 근처의 남쪽 나라에서는 북극성이 땅과 가까운 곳에서 보였지만 북쪽 나라로 갈수록 높은 곳에서 보였습니다. 둥근 지구본을 가지고 실험을 해 보면 별이 왜 이렇게 보이는지 알 수 있지요.

마침내 콜럼버스와 마젤란 같은 탐험가들은 위험을 무릅쓰고 한쪽 방향으로 항해를 계속해 새로운 땅을 발견하거나 처음 출발한 곳으로 되돌아왔습니다. 결국 지구가 둥글다는 것을 증명한 셈이지요.

지구가 둥근데 사람은 왜 미끄러지지 않지?

지구는 크고 단단하게 생긴 둥근 공 모양입니다. 정확하게 말하면, 적도 반지름은 6,378킬로미터이고, 남극과 북극으로 이어지는 극반지름은 6,357킬로미터로 적도반지름이 극반지름보다 약간 더 깁니다. 즉, 지구는 적도 쪽이 좀 더 불룩한 타원체 모양이라고 할 수 있지요.

그렇다면 지구의 나이는 몇 살일까요?

지구의 나이는 돌로 측정할 수 있답니다. 돌은 지구 탄생 시기부터 있던 물질로 우라늄이나 납과 같은 원소로 이루어졌지요. 이들을 방사성동위원소라고 하는데, 지구의 나이는 이들의 화학적 성질을 이용해 측정할 수 있습니다. 또한 지구와 비슷한 시기에 탄생한 달에서 가져온 암석을 이용하기도 하지요. 그 결과 지구의 나이는 약 46억 년이 됐다고 합니다.

이렇게 오래된 지구에 사람이 살기 시작한 것은 지구가 태어나고 아주 오랜 시간이 지난 뒤의 일입니다. 그런데 한 가지 이상한

점이 있습니다. 지구는 둥글게 생겼는데 어떻게 전 세계 사람들이 미끄러지거나 거꾸로 매달리지 않고 똑바로 서서 걸어 다닐 수 있는 걸까요?

그것은 바로 지구에는 지구 표면의 물체를 끌어당기는 힘인 '중력'이 작용하기 때문이지요. 사람의 입장에서 보면 중력은 자신이 서 있는 땅 아래쪽으로 향하고 있기 때문에 지구 어디에 있든 똑바로 서 있다고 느끼는 것이지요.

에라토스테네스(B.C. 276 ~ B.C. 194)
고대 그리스 천문학자.
해시계를 이용해 지구의 둘레를 처음으로 계산한 사람이다.
실제 둘레와 오차가 15% 정도밖에 나지 않았다고 한다.

27. 지구가 운동을 하고 있다고?

지구의 자전 – 지구는 매일 한 바퀴씩 돈다.

태양은 동쪽에서 떠올라 낮 동안 서서히 하늘을 가로지르다가 저녁이면 서쪽 지평선 너머로 사라지지요. 이렇게 매일 태양이 뜨면서 하루가 시작되고 태양이 지면서 낮이 밤으로 변합니다. 마치 태양이 매일 동쪽에서 서쪽으로 움직이는 것처럼 보이지요.

하지만 실제로 태양이 떴다 지는 것은 아니랍니다. 놀랍게도 태양은 전혀 움직이지 않아요. 그런데도 우리 눈엔 왜 태양이 움직이는 것처럼 보이는 걸까요? 이유는 간단합니다. 바로 태양을 마주보고 있는 우리 자신이 움직이고 있기 때문이지요. 즉, 지구가 빙글빙글 돌고 있기 때문에 지구에 사는 우리가 바라보는 눈엔 마치 태양이 움직이는 것처럼 보이는 것입니다.

지구가 하루에 한 바퀴를 도는 운동을 '지구의 자전'이라고 합니다.

지구는 극과 극을 일직선으로 통과하는 '지축'을 중심으로 하루 동안 스스로 한 바퀴를 도는 것이지요. 정확히 말하면 지구가 한 바퀴를

지동설
지구가 태양과 별 주변을 돈다는 설로, 코페르니쿠스가 주장했음.

천동설
태양과 별이 지구 주변을 돌고 있다는 설로, 프톨레마이오스가 주장했음.

돌면서 태양을 마주보는 쪽은 낮이 되고 태양을 등지는 쪽은 밤이 되는 것입니다. 그렇게 지구가 한 바퀴를 도는 데 24시간, 즉 하루에 해당하는 시간이 걸립니다.

만약에 지구가 자전을 하지 않는다면 어떤 일이 벌어질까요?

아마 태양이 비추는 곳은 낮만 계속되고 태양이 비치지 않는 곳은 밤만 계속 되겠지요. 태양뿐 아니라 별들이 동쪽에서 떠서 서쪽으로 지는 것도 바로 지구의 자전 때문에 일어나는 현상입니다. 우리는 지구가 자전하는 24시간을 하루로 정해 놓고 이를 기본 단위로 생활하지요.

지구의 공전 – 지구는 태양의 둘레를 1년에 한 바퀴 돈다.

지구는 자전을 하면서 동시에 태양의 둘레를 돌고 있습니다. 그러니까 스스로 돌면서 동시에 태양의 둘레에 커다란 원을 그리는 운동을 하는 것이지요. 지구가 이처럼 태양의 둘레를 한 바퀴 도는 것을 '지구의 공전'이라고 합니다.

너무 어지럽다고요? 걱정 마세요. 다행히 지구에 사는 우리 자신은 지구의 운동을 직접적으로 느끼지는 못하니까요.

그런데 지구가 태양의 둘레를 한 바퀴 돌아 다시 제자리에 오는 데 걸리는 시간은 얼마나 될까요? 지구가 태양의 주위를 한 바퀴 도는 데 걸리는 시간을 '공전 주기'라고 하는데, 공전 주기는 정확하게 말하면 365.2422일입니다. 우리가 하루를 24시간, 1년을 365일로 나누는 것은 바로 지구의 자전과 공전 주기에 맞춰 정한 것이지요.

앞에서 지구의 자전으로 낮과 밤이 생긴다고 했는데, 그렇다면 지구의 공전은 어떤 현상을 불러올까요? 지구의 회전축인 지축은 수직 방향에서 옆으로 23.5° 기울어져 있어요. 그러니까 지구는 옆으로 약간 기울어진 상태로 자전과 공전을 하지요. 이 지축을 기준으로 지구는 북반구와 남반구로 나뉘죠. 북반구의 경우, 지축이 태양 쪽으로 기울어 있는 동안에는 햇빛을 많이 받으므로 기온이 상승해 무더운 날씨가 되지요. 반면 지축이 태양의 반대쪽으로 기울어 있는 동안에는 지표면이 햇빛을 적게 받기 때문에 추운 날씨가 됩니다.

지구의 공전은 바로 계절 변화의 원인이 되는 것이지요. 지구가 공전하는 1년 중, 태양의 남중 고도가 가장 높고 햇빛을 가장 많이 받는 시기는 여름이고, 태양의 남중 고도가 낮고 햇빛을 적게 받는 시기는 겨울이 되는 것입니다.

요점 정리

지구는 24시간마다 스스로 한 바퀴씩 도는 자전을 하면서 동시에 365일 동안 태양의 둘레를 한 바퀴 도는 공전을 하고 있다.

28. 반짝반짝, 별자리 여행

별자리는 언제 만들어졌지?

맑은 밤하늘을 보면 헤아릴 수없이 많은 별들이 반짝이고 있지요. 어린 시절엔 그 많은 별들 중에서 유독 눈에 들어오는 별 하나에 이름을 붙여 자신의 별로 삼곤 했지요. 그런데 별들이 너무 작고 많은데다 시간이 지나면서 자꾸 위치가 바뀌는 통에 종종 자신의 별을 잃어버릴 때가 있었지요.

그런데 정말, 잃어버린 자신의 별을 찾을 수 있는 방법은 없는 걸까요? 드넓은 하늘에서 무수히 빛나는 별들 중에 자신의 별을 찾는 방법이 있답니다. 바로 '별자리'를 이용하는 방법이지요.

별자리의 기원
별자리가 생겨난 것은 약 5천 년 전, 메소포타미아 지방(지금의 이라크, 시리아)에 살던 양치기들이 늑대로부터 양을 지키기 위해 밤에 보초를 서면서 심심해서 하늘의 별을 연결하며 형태 알아맞히기를 하다가 시작됐다.

별자리란 별을 쉽게 찾아내기 쉽도록 몇 개씩 이어서 그 형태를 닮은 동물이나 물건, 신화 속의 인물 등의 이름을 붙여 놓은 것을 말합니다. 예를 들면, 사자자리나 전갈자리, 천칭자리, 헤라클레스, 안드로메다자리 등이지요. 각국 천문학자의 교류 단체인 국제천문연맹이

정식으로 인정한 별자리는 모두 88개에 달한답니다.

흔히 밤에만 별이 뜨는 줄 알지만 사실 별은 낮에도 항상 하늘에 떠 있어요. 다만 태양빛에 가려 보이지 않을 뿐이지요. 그런데 지구에서 보면, 태양 주위엔 모두 12개의 별자리가 있고, 태양은 이 별자리 안을 정확히 1년에 한번 돌지요. 태양이 지나는 이 통로를 '황도'라고 합니다. 그리고 이 황도 상에 배치된 별자리는 모두 12개로 각각 게·사자·처녀·천칭·전갈·궁수·염소·물병·물고기·양·황소·쌍둥이자리로 불립니다.

이 12개의 별자리는 별점을 치는 데 이용되는 별자리이지요.

계절마다 달라지는 별자리

지구에서 별자리를 보면 시간이 지남에 따라 별자리가 달라지지요. 그런데 이건 별자리를 이동하는 게 아니라 지구가 자전하기 때문이에요. 사실 별자리는 제자리에서 움직이지 않는답니다. 이렇게 항상 같은 자리에서 빛난다고 해서 '항성'이라고 부르지요.

별자리는 24시간이 지나 지구가 한 바퀴를 돌면 다시 같은 자리에 오는데, 정확하게는 24시간이 아니라 매일 3분 56초씩 빨라지지요. 이는 지구가 자전하면서 동시에 태양 둘레를 공전하기 때문입니다. 이 때문에 계절마다 매일 같은 시각에 보는 별자리도 조금씩 다르답니다.

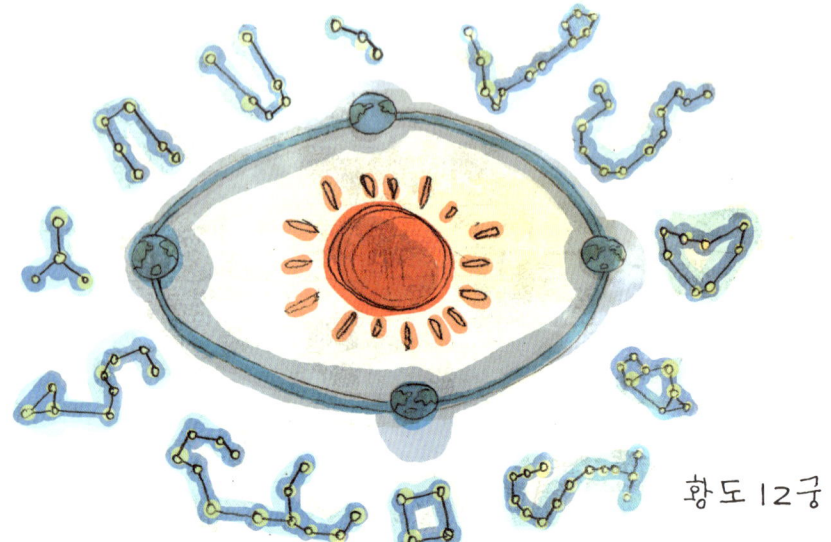

황도 12궁

우리나라는 북반구에 위치해 있어서 북극 근처의 별들을 1년 내내 볼 수 있는데, 이런 별들을 '주극성'이라고 하지요. 카시오페이아, 큰곰자리, 작은곰자리 등을 말하지요. 이들은 북극성을 중심으로 돌고 있지요.

큰곰자리

그렇다면, 계절마다 밤하늘에 나타나는 별자리를 알아볼까요?

★ **봄철 별자리** : 사자, 처녀, 천칭, 뱀, 까마귀, 목동, 머리털자리 등

★ **여름철 별자리** : 헤라클레스, 전갈, 거문고, 독수리, 백조, 궁수자리 등

★ **가을철 별자리** : 염소, 물병, 페가수스, 물고기, 안드로메다, 양자리 등

★ **겨울철 별자리** : 마차부, 황소, 오리온, 쌍둥이, 큰개, 게자리 등

 별자리는 북극성을 중심으로 시간이 지남에 따라 위치가 바뀌는데, 이는 별자리가 움직이는 것이 아니라 지구가 자전과 공전을 하기 때문에 위치가 달라 보이는 것이다.

29. 은하계와 별은 어떻게 생겨났을까?

별은 우주 폭발로 생겼다고?

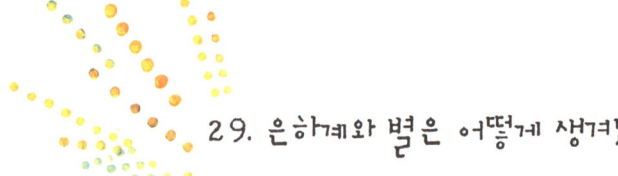

우주가 언제 어떻게 해서 생겨났는지에 대해서는 아직도 수수께끼지만 약 2백억 년 전 '빅뱅'이라는 대폭발이 일어나면서 우주가 탄생했다는 설이 가장 유력합니다.

폭발과 함께 뜨겁던 우주가 점차 식으면서 별과 행성, 그리고 은하에 모여 있는 천체들이 생겨났다고 하지요. 우리의 지구가 속해 있는 태양계는 약 2천억 개의 항성들로 들어찬 거대한 은하계인데, 넓은 우주에는 이러한 은하가 1천억 개가 더 있다고 합니다. 이 은하들이 모여 은하군을 만들고 은하군이 모여 은하단이 되고, 초은하단이 되는 것이지요. 우주는 이 초은하단이 많이 모여 있는 아주 광활한 공간입니다. 이 우주는 지금도 사방팔방으로 계속 팽창을 하고 있다고 하지요.

이 은하를 이루는 단위가 바로 별입니다. 은하는 별들의 집단이지요. 별과 별 사이는 많은 가스가 떠다니고 있습니다. 이 가스의 농도가 짙은 곳은 가스가 조

> 빅뱅은 태초에 우주가 생길 때 일어난 대폭발을 말한다. 과학자들은 고온 고압의 어떤 물질에서 일어났을 것이라고 보고 있다.

금씩 응축하면서 커다란 가스 덩어리가 되지요. 그리고 이 가스 덩어리의 중심 온도가 올라가면서 빛을 내기 시작합니다. 이것이 바로 새로운 별의 탄생이라고 할 수 있지요. 별은 스스로 빛과 열을 내며 존재

하는 항성이 있는가 하면 이처럼 가스나 먼지가 모여서 된 성운도 있지요.

같은 별이라도 화성이나 금성 같은 행성은 스스로 빛을 내지 못하지요. 다만 행성은 자신을 비추는 별의 빛을 반사해 밤에는 밝게 빛나지요. 하지만 항성들은 스스로 빛과 열을 내는데, 지구에서

멀리 떨어져 있어도 아주 반짝거리지요. 이는 지구의 대기가 항상 불안정하게 흔들려서 항성이 뿜어내는 빛이 흔들려 보이기 때문이라고 합니다.

별의 탄생과 죽음

별들은 언제까지 빛을 내는 것일까요? 별들은 영원히 무한한 우주 공간에서 빛날 것 같지만 별에게도 탄생과 죽음이 있습니다.

밤하늘에서 빛나는 별들을 보면 모두 비슷해 보이지만 별들도 각양각색으로 태어납니다. 별들은 저마다 온도가 다르기 때문에 색깔도 다르지요. 지구로부터의 거리도 천차만별이라서 같은 별자리의 별이라도 지구로부터의 거리는 모두 다릅니다. 특히 태어날 때 별의 질량은 별의 수명과 아주 깊은 관련이 있습니다.

질량이 큰 별은 1천만 년의 일생을 마치고 대폭발과 함께 죽음을 장식합니다. 이처럼 엄청난 폭발을 일으키는 거대한 별들을 '초신성'이라고 하지요. 한편 질량이 작은 별은 1천억 년이라는 기나긴 일생을 마치고 조용히 죽어갑니다. 또 어떤 별은 죽어서 블랙홀이 되거나 중성자별로 환생하기도 하지요. 별의 운명도 사람의 운명처럼 제각각이랍니다.

그렇다면 태양은 언제까지나 영원히 다른 행성들을 비춰 줄까요? 현재 알려진 바로 태양의 수명은 100억 년인데, 앞으로 약 50억 년 정도의 수명이 남아 있으니 지구에 사는 우리들의 입장에서 보면 아주 까마득하지요. 하지만 태양도 마지막엔 작은 폭발과 함께 적색 거성이 사라지고 흰색 별이 된다고 합니다.

요점 정리 은하계를 이루는 별들은 우주와 함께 태어나 수천만 년 내지 수천억 년 동안 빛을 발하다가 수명을 다하고 죽는다.

30. 태양의 비밀

태양은 어떻게 이루어졌나?

매일 아침 창밖으로 제일 먼저 만나는 태양은 사실 지구보다 훨씬 더 큰, 거대한 별입니다. 예전에는 태양이 지구 둘레를 돌기 때문에 늘 동쪽에서 떠서 서쪽으로 진다고 생각했지만 실제로는 지구가 태양의 인력에 이끌려 주위를 돌고 있는 것이지요.

태양은 엄청난 빛과 열을 냅니다. 만약에 우리가 태양의 실체를 보려고 하면 가까이 다가가기도 전에 녹아 없어지겠지요. 다행히 지구는 태양으로부터 멀리 떨어져 있어서 그럴 위험은 없습니다.

태양은 표면 온도가 6천℃이고, 중심부의 온도는 약 1천 5백 ℃인 거대한 가스 덩어리입니다. 즉 굉장한 고온 가스가 엄청난 압력으로 압축되어 있는 상태이지요.

그 대부분은 수소와 헬륨이지만 태양 속엔 거의 모든 원소들이 다 들어 있습니다. 그런데 태양이 가스인데도, 그 물질이 흩어지지 않고 모여 있는 이유는 무엇일까요? 그것은 바로 지구의 33만 배나 되는 막대한 물질이 갖는 중력 때문입니다. 즉 태양의 바깥쪽

가스가 안쪽 물질의 중력을 받아서 중심 쪽으로 잡아당겨지기 때문이지요.

태양은 수소 분자들이 핵융합 반응을 일으켜 헬륨 가스로 변하면서 활활 타고 있는 불덩이입니다. 이러한 연소 때문에 엄청난 빛과 열이 발생하고 동시에 엄청난 에너지가 나오지요.

그렇다면 도대체 태양은 언제까지 이렇게 탈 수 있는 걸까요? 태양이 다 연소되려면 아직 몇 백억 년이 남았지만 해가 갈수록 태양이 부풀어 오르고 있기 때문에 약 50억 년 후에는 적색 거성으로 변한다고 합니다.

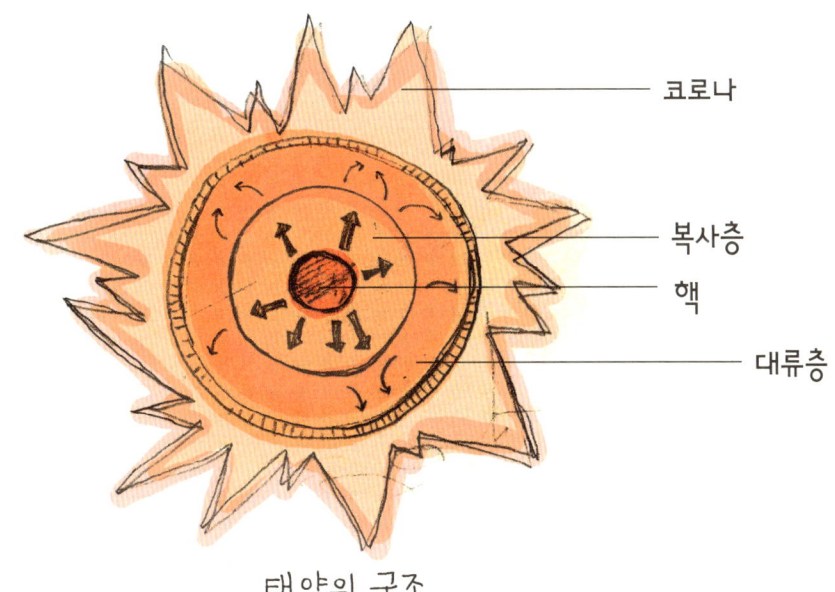

태양의 구조

태양은 우리에게 어떤 **영향**을 미치나?

우리는 태양 없이 살아갈 수 있을까요? 만약 태양이 없다면 지구는 어떻게 될까요? 지구는 아마 생명체가 없는, 암흑과 추위만이 존재하는 삭막한 별이 되겠지요. 태양은 지구 상의 생명 활동에 없어서는 안 되는 빛과 열, 에너지를 주기 때문입니다.

앞에서 배웠듯이 식물들은 햇빛을 이용해 광합성을 해서 양분을 얻지요. 식물들이 잘 자라야 식물들을 먹고 자라는 동물들도, 그 동물을 잡아먹는 다른 동물들도

살아갈 수 있는 것입니다.

또한 태양이 없으면 낮과 밤도 없고 계절의 변화도 없으며, 무엇보다도 너무 추워서 지구 상에 생물이 살아갈 수 없어요. 태양이 있기 때문에 우리는 따뜻하고 밝은 세상에서 맘껏 생명의 소중함을 느끼며 살 수 있는 거랍니다.

한편, 태양에서는 여러 가지 광선이 나옵니다. 눈으로 느낄 수 있는 가시광선 외에 X선이나 자외선, 적외선, 전파 등이 지구로 전달되지요. 이 중에서 생물에게 위험한 감마선이나 X선은 지구를 둘러싸고 있는 대기층에 차단되어 땅 위에는 거의 도달하지 않지만, 눈에 보이지 않는 자외선이나 적외선은 침투해 들어오지요.

여름에 바다나 산에 가면 살갗이 까맣게 타는 이유는 자외선 때문이고, 햇볕이 따스하게 느껴지는 건 적외선 때문이지요.

태양은 수소와 헬륨으로 이루어진 거대한 가스 덩어리로, 내부에서 핵융합반응이 일어나 엄청난 열과 빛을 내며 타고 있다.

31. 태양의 식구들을 만나 볼까!

태양의 주위를 도는 여덟 행성

    태양 주위에는 여러 개의 행성과 소행성, 혜성 등이 태양을 중심으로 일정한 궤도를 이루어 돌고 있습니다. 이들 태양 주변의 행성들의 집합체를 태양계라고 부릅니다. 바로 태양의 가족들이지요. 이렇게 행성들이 태양 주위에 몰려 있는 이유는 태양의 인력 작용 때문입니다.

    태양계의 식구들 중 가장 잘 알려진 것이 바로 여덟 개의 행성들입니다. 이들은 우주에서 태양 다음으로 크고, 일정한 간격을 두고 태양의 주위를 돌고 있지요.

    태양의 식구인 여덟 행성을 태양에서 가까운 순서로 나열해 보면, 수성, 금성, 지구, 화성, 목성, 토성, 천왕성, 해왕성의 순서입니다. 그러니까 지구는 태양으로부터 세 번째로 가깝지요.

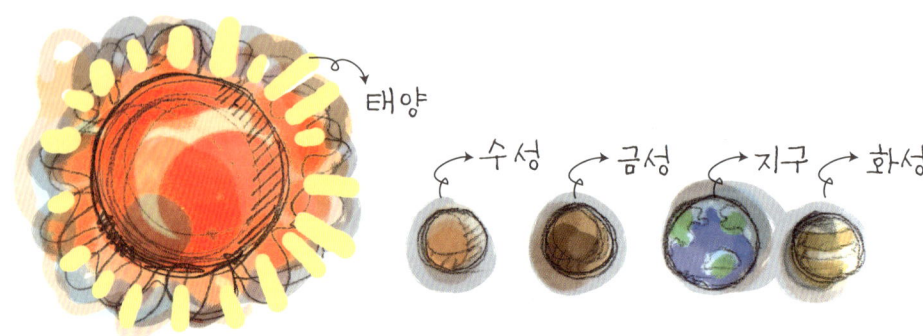

그런데 왜 이 행성들의 대장이 태양이 되었냐고요? 여덟 행성들이 모두 태양을 중심으로 돌고 있기 때문이지요. 하지만 태양이 대장 노릇을 하는 또 다른 이유가 있어요. 여덟 행성들은 태양과 달리 스스로 에너지를 만들지 못하지만 태양은 빛과 열을 내 강력한 에너지원이 되지요.

여덟 행성은 모두 다양한 종류의 가스로 둘러싸여 있는데, 우리가 살고 있는 지구는 지구 전체를 감싸는 충분한 산소와 물로 가득 차 있고 엄청난 열을 발산하는 태양과도 적당한 거리에 떨어져 있어 생명체가 살기에 가장 적합한 유일한 행성이라고 할 수 있지요.

요점 정리

태양 주위에는 태양의 인력 작용에 의해 수성, 금성, 지구, 화성, 목성, 토성, 천왕성, 해왕성 등 8개의 행성이 일정한 궤도로 태양계를 이루고 있다.
명왕성은 2006년 8월 왜소행성으로 분류되어 태양계의 행성에서 제외, 현재는 소행성 134340이라 불린다.

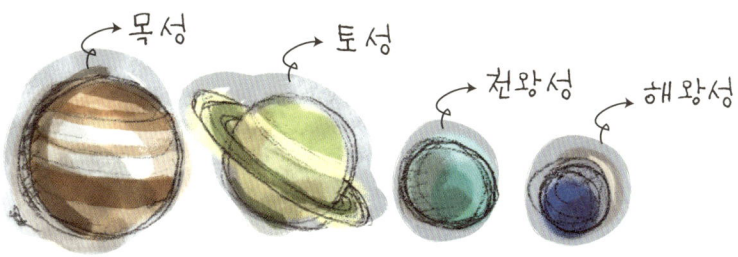

32. 천문대와 인공위성

우주를 관찰하는 눈, 천문대

인간은 우주를 더 잘 이해하기 위해 직접 별들을 관찰하고 싶어 했습니다. 그래서 우주를 관측할 수 있는 기구들을 만들기 시작했지요. 우주는 광활하고 별들은 지구로부터 멀리 떨어져 있기 때문에 특수한 기구나 장비 없이는 육안으로 볼 수 없기 때문입니다.

별과 우주에서 벌어지는 일을 관측하는 곳이 바로 천문대입니다. 천문대에는 커다란 망원경이 있어서, 그것으로 항상 우주를 살펴보고 있지요. 천문대는 광학 망원경으로 천체의 빛을 모아 연구하는 광학 천문대와 전파 망원경으로 천체에서 날아오는 전파를 포착해 연구하는 전파 천문대가 있습니다.

그런데 천문대는 아무 데나 지으면 안 됩니다. 별을 관찰하기 좋은 장소에 지어야 하지요. 우선 기상 변화나 대기오염 등으로 시야의 방해를 받아서는 안 됩니다. 때문에 주로 공기 좋고 맑은 하늘을 볼 수 있는 높은 산 위에 세워지지요. 또한 주변의 산이 도시나

인구가 많은 지역에서 오는 전파를 막아 줄 수 있는 계곡 같은 곳도 좋은 장소입니다.

> 우리나라 최대 규모의 천문대는 1996년 경북 영천에 만들어진 보현산 천문대입니다.

한편 옛날 사람들은 일찍부터 천문에 관심을 가져 높은 곳에 따로 장소를 마련해 놓고 별자리를 관찰하곤 했습니다. 삼국시대의 '첨성대'나 고려시대의 '선운관', 조선시대 '관상감' 등이 바로 별을 관찰하던 장소이지요. 현재는 1974년에 문을 연 국립 천문대가 충북 단양군 소백산에 천문 관측소를, 대덕 연구 단지 내에 우주전파 관측소를 두어 천체에 대한 연구를 하고 있습니다.

지구 밖의 관찰자, 인공위성

처음 망원경으로 우주를 관찰할 때는 아주 놀랍고 신기했습니다. 하지만 별들은 여전히 대기 저편에서 어른거리는 빛으로만 보였지요.

우주에 대한 호기심은 더욱 커져 우주개발이 시작됐고 기술이 진보하자, 마침내 인간은 지구 밖으로 나가 우주 공간에서 직접 별들을 관측할 수 있게 되었습니다. 그것이 바로 '인공위성' 이지요.

인공위성은 사람이 타지 않는 일종의 무인 탐사기로, 행성을 관측하며 사진을 찍어 보내기도 하지요.

이 인공위성은 지구 둘레를 일정한 궤도로 돌면서 여러 가지 일을 합니다. 과학적인 연구에 사용되는 과학위성, 날씨를 관측하는

기상위성, 전화나 통신을 자유롭게 하기 위한 통신위성, 군사 정보를 수집하는 군사위성, 자원을 알아보는 자원탐사위성, 우주 탐사를 위한 탐사위성 등 기능이 참 다양하지요. 우리가 지구 반대편에서 벌어지는 스포츠 경기나 행사를 같은 시간에 안방에서 볼 수 있는 것도 바로 통신위성 덕분입니다.

인류 최초의 인공위성은 1957년에 소련에서 발사한 스푸트니크 위성이었고, 이에 자극을 받은 미국이 다음 해에 인공위성을 발사하였습니다. 우리나라는 1992년 세계에서 22번째로 실험 위성 우리별 1호를 발사한 이래, 우리별 2호, 통신위성인 무궁화 1호, 무궁화 2호를 발사했습니다.

> 인공위성이 궤도를 벗어나지 않고 일정한 속도로 지구 둘레를 돌 수 있는 것은, 지구의 인력과 우주의 여러 힘이 팽팽하게 균형을 이루어 인공위성을 잡아당기기 때문이다.

요점 정리: 우주를 관측하는 곳으로 지상에는 천문대가 있고, 지구 밖에는 인공위성이 있다.

33. 우주에서 살기

우주에서는 왜 둥둥 뜨지?

우주의 환경은 지구와는 전혀 다릅니다. 공기가 없는 진공 상태이기 때문에 숨을 쉴 수 없을뿐더러 강한 태양빛이나 방사선 등이 직접 내리쬡니다. 또 우주의 암석 조각이나 먼지가 굉장한 속도로 날아오지요. 게다가 기압이 없어 혈액이 펄펄 끓어오르고 그렇게 되면 수초 내에 의식을 잃게 되지요.

그래서 필요한 것이 바로 우주복입니다. 우주의 환경에 대처하기 위해 특수하게 제작된 우주복을 입고 있으면 우주 공간에서 얼마 동안 견딜 수 있지요. 그런데 우주복을 입고도 한 가지 해결되지 않는 것이 있습니다.

우주복을 입은 우주인도 우주에선 똑바로 걸어 다니지 못하고 둥둥 떠다녀야 합니다. 우주에선 사람뿐 아니라 심지어 물까지도 동그란 방울이 돼서 둥둥 떠다니지요. 이런 현상이 일어나는 이유는 무엇일까요? 그것은 바로 우주에는 지구와 달리 중력이 없기 때문입니다.

우주 비행사는 무중력 상태에 적응하는 훈련을 합니다. 하지만 이런 훈련을 하고 우주복을 입어도 우주에선 오래 버틸 수 없습니다. 무중력 상태에서 오래 있게 되면, 멀미, 두통, 현기증, 구토가 나고, 심장이나 뼈, 근육 등의 기관들이 약해지지요. 하지만 언젠가 이런 환경을 극복할 수 있는 기술이 개발되면 우주에서 사는 날이 올지도 모르지요.

국어가 재밌어지는 맞춤동화

국어가 재밌어지는 1학년 맞춤동화

『국어가 재밌어지는 1학년 맞춤동화』는 만화나 게임, 텔레비전에만 익숙해져 책읽기의 재미를 잃어가는 우리 아이들에게 지혜와 교훈을 가르쳐주고 국어책과도 친해질 수 있는 이야기책입니다.

글 고수유 | 그림 기진희 공동근 | 정가 9,000원

국어가 재밌어지는 2학년 맞춤동화

밑줄 친 문제나 정답을 강요하지 않는 『국어가 재밌어지는 2학년 맞춤동화』는, 우리 아이들이 국어책과 친해지도록 만들어주는 비타민 같은 책입니다.

글 고수유 | 그림 기진희 김현례 | 정가 9,000원

국어가 재밌어지는 3학년 맞춤동화

초등 국어교과서를 총망라하여 그 내용과 주제를 연계시킨 『국어가 재밌어지는 3학년 맞춤동화』는 국어책의 좋은 친구가 될 것입니다.

글 고수유 | 그림 김미연 외 | 정가 9,000원

국어가 재밌어지는 4학년 맞춤동화

인터넷과 텔레비전, 교과서보다 쉽게 읽히는 학습만화들이 아이들의 공부방을 가득 채우고 있습니다. 초등 교과서를 총망라한 이 책은 잃어버렸던 책읽기의 즐거움을 되찾아 줄 것입니다.

글 고수유 | 그림 김미연 외 | 정가 9,000원

과학이 재밌어지는 맞춤과학

과학이 재밌어지는 1학년 맞춤과학

아침에 일어나서 잠들 때까지 우리는 늘 과학과 함께 생활하고 있습니다. 『과학이 재밌어지는 1학년 맞춤과학』은 과학을 어려워하는 아이들의 눈높이에 맞춘 첫 번째 과학책이 될 것입니다.

글 홍윤희 | 그림 김미연 | 정가 9,000원

과학이 재밌어지는 2학년 맞춤과학

과학 교과서와 연계된 『과학이 재밌어지는 2학년 맞춤과학』은, 핵심만을 가려 뽑은 설명과 재밌는 그림으로 과학에 스스럼없이 다가갈 수 있게 만든 과학 교과서의 좋은 친구가 될 것입니다.

글 홍윤희 | 그림 김미연 | 정가 9,000원